ツキをよぶ
フォーチュンサイクル占い

フォーチュンアドバイザー
イヴルルド遙華

太玄社

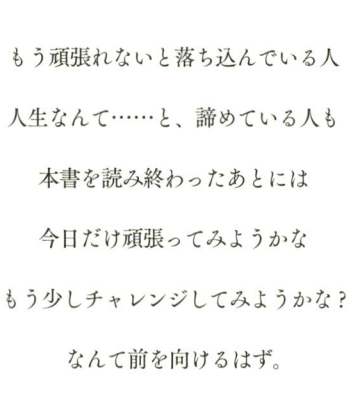

もう頑張れないと落ち込んでいる人
人生なんて……と、諦めている人も
本書を読み終わったあとには
今日だけ頑張ってみようかな
もう少しチャレンジしてみようかな？
なんて前を向けるはず。
1人で悩まないで、一緒に心を軽くしましょう。
本書は悩める女子のためのバイブルです。

はじめに

夢のお告げによって誕生した占術

私が占いを始めたのは、19歳のとき。この頃、生きるか死ぬかという、人生最大のピンチを迎えていました。

私は昔から体が弱く、引っ込み思案で友人も少なくて、いつも教室の隅っこにいるような子供でした。おまけに、アトピー体質。男の子に「汚い」とからかわれたことが尾を引いてしまいトラウマとなり、男性恐怖症になったこともありました。
そんな自分に、まったく自信が持てませんでした。だから、いつも受け身の人生。それが当たり前だったから、あの頃のことは、記憶にありません。世間の19歳は恋に遊びに忙しい年頃のはず。けれど、私にとっての19歳は何もない闇の時期でした。

ある日、悪い菌が肺から脳に入って、大病を患い、私は危篤状態に陥ってしまいました。後で知りましたが、お医者様から「最悪の事態を覚悟してください」と、両親は告げられていたそうです。今も、あの頃を思い出すとつらい記憶がよみがえります。集中治療室にいた頃は、自分で呼吸をすることも、食べることも、排泄することも出来ずに、ただ、もうろうとしていました。ベッドに横たわっていると、死に向かっている気がして、悔しくて悔しくてただ、涙を流していました。

入院中、隣の部屋から死を予感させるうめき声が聞こえると、その方が天に召されたことを知る日もありました。次は、私の番なのではないか……。そう思うと、怖くてたまりませんでした。
しかし、死の淵を知ると、跳ね返る力が起こるものなのです。急に、今まで眠っていた力が驚くほど湧き出て「ここ（病院）で死んでたまるか」と、強く思うようになりました。自分の中で「生きたい！」というスイッチが入ったのです。
生きたい。恋したい。働きたい。食べたい。遊びたい。思いっきり笑って後悔せずに過ごしたい。だってまだなにもやっていないし、やり遂げたいという思いが湧き上がってきたのです。この瞬間から私の受け身の人生が、180度変わりました。

「病は気から」という言葉があるように、私が強く生きたいと思えば思うほど、エネルギーが湧いてきて、嘘のように不思議と元気になっていきました。

やがて、無事に退院出来るほど回復しました。今までは「どーでもいいや」と過ごしていた人生でしたが、これからは第2の人生。私が主役として生きられるようにしようと決めました。周囲の顔色を伺わずに、自分らしく、やりたいことに向って生きていくことが出来るように。

そんなとき、占いに出合いました。
最初に出合った占いは、姓名判断。画数に宿るエネルギーが気になり始めると色々な占いに興味を抱くように。世界中のスピリチュアルスポットへ旅したり、イギリスの占星術の勉強会に参加したり、ハワイの魔女のもとへ魔法のキャンドル作りを学びに行くなど、いつのまにか、占いの世界にどっぷりはまるようになりました。

そして、私は占いを学術的にとらえ、人生のエッセンスとして取り入れる生き方をするようになりました。そうするうちに、不思議と自分の叶えたい夢の方向へと物事がすんなり進むようになり、本当に驚くような、チャンスがたーーーくさんやって来ました。もう、人の幸せを指をくわえて眺めていた昔の私ではありません。

自分の夢を叶えるのに大事なのは自分自身のマインドと自分の考え方の癖を客観的に知ることなんだと思いました。
自分の心を開いていると、内なる声に気付くようになり、悩みも迷いもなくなりました。やがて、「昔のあなたと同じように苦しむ人たちがいたら、元気になれるようにお手伝いをしなさい」というメッセージを受け取りました。

この声に従うように、占いのお仕事を始めました。
用いるのは算命学、姓名判断、西洋占星術、紫微斗数、血液型、タロット、風水、顔相、トランプなどです。
たくさんの占術を使って鑑定するうちに、私だけのオリジナルの占いを持ちたいと思うようになりました。

こんなに占いを勉強しているのだから、私だけの占いを生み出したいなと、毎日毎日考えるようになりました。
そんなある日。鑑定をしていると、見たことのない円形の表が現れました。
丸い輪郭の中にはいくつもの言葉が書かれています。
驚くことに、私はその言葉の意味や情報を知らないはずなのに、喋っているのです。ベラベラと勝手に口が動くのに違和感を覚え、あれっ？と思った瞬間、夢だと気がつきました。

それは現実と区別がつかないほど、とってもリアルな夢でした。
私は思わず「この表を忘れたくない！」と叫びました。
すると、「この表に書かれた24の言葉を3回、唱えると大丈夫。忘れません」と内なる声がおしえてくれました。その声はさらに続きました。
「24のサイクルが書かれたこの表は、今の時代を生きているみんなに必要なものです。あなたが、この表の意味をみんなに伝え、みんなの人生をより豊かに前向きに過ごせるようにお手伝いをしなさい。この時代を生きている人は、悩みが多すぎる。頑張りすぎるから少しでも楽になれるように、あなたがメッセンジャーになりなさい」と、はっきり聞こえました。

夢のお告げで出合ったフォーチュンサイクル。これが、私がずっと願ってきたオリジナルの占術となったわけです。この占いと出合ったことから私の活動が本格的にスタート。おしえられた任務をきちんと果たさなくてはいけない、と責任感を強く抱くようになりました。

この本を手に取ってくださったすべての方は、きっと今日がリ・スタートだと思います。
1年、1年変わっていくサイクルで、どんなメッセージを受け取っているのか参考にしてもらえたら嬉しいです。

2014年4月26日
イヴルルド遙華

contents

はじめに P3

序章　フォーチュンサイクル占いの解釈　P7

第1章　あなたのマインドナンバーをチェック　P13

マインドナンバー1………P18　　マインドナンバー5………P42
マインドナンバー2………P24　　マインドナンバー6………P48
マインドナンバー3………P30　　マインドナンバー7………P54
マインドナンバー4………P36　　マインドナンバー8………P60
　　　　　　　　　　　　　　　マインドナンバー9………P66

コラム　マインドナンバーでわかる恋の相性……………P72

第2章　フォーチュンサイクルを解読　P81

開拓期………P85　　バランス期……P117　　清算期………P149
可能性期……P89　　思慮期…………P121　　希望期………P153
好奇心期……P93　　チャンス期……P125　　迷い期………P157
実り期………P97　　実力期…………P129　　充実期………P161
責任期………P101　試練期…………P133　　決断期………P165
支援期………P105　変化期…………P137　　運命期………P169
愛情期………P109　リラックス期…P141　　信頼期………P173
突進期………P113　不安期…………P145　　前進期………P177

第3章　著名人をフォーチュンサイクルで読み解く　P181

35ドルを片手にニューヨークへ　奇跡を起こす！マドンナ………P182
ショービズ界のミューズとなりアメリカンドリームを掴む！ビヨンセ………P184
波乱を乗り越え、再ブレイクした不動のポップ・アイコン　ブリトニー・スピアーズ…P186
世界的影響力のあるセレブカップル「ブランジェリーナ」
　　アンジェリーナ・ジョリー&ブラッド・ピット………P188

おわりに　P190

巻末　　フォーチュンサイクル早見表

序章

Fortune cycle thinking

フォーチュンサイクル占いの解釈

フォーチュンサイクル占いを紐解く

夢のお告げにでてきた、フォーチュンサイクル。
なぜ、このようなサイクルが生まれたのかは、私にもわかりませんでした。
だから私なりに
この24に分かれたサイクルとワードの意味を紐解いてみました。
何度もフォーチュンサイクルを使って気が付いたのは
24のワードはタロットカードをベースとしたメッセージを含んでいることです。

現代の女性に適した占い

タロットは、15世紀前半から用いられてきたといわれるほど長い歴史があり、まだまだ不明なことが多くあります。一般的にタロットは、小アルカナ56枚、大アルカナ22枚の計78枚で構成されます。22枚の大アルカナには1枚1枚に意味があり、7惑星、12星座、人生の生誕から死までの一生を表す物語を含んでいます。

そこで、1〜22枚の大アルカナを並べて読み解いてみたところ、この22枚のカードは「人生山あり谷あり」と、人生のストーリーの縮図であることに気が付きました。まさしくこのフォーチュンサイクルにぴったり！

しかし、大アルカナは22枚ですが、フォーチュンサイクルは24の項目があります。そこで残りの2項目の意味を考えてみました。

昔の女性は、人生を自ら選択できることが少なかったように思います。20代前半には結婚し、女子は仕事より家庭におさまるという考え方が一般的だったり。しかも、結婚相手とはお見合いで結ばれるなど、今ほど自由な恋愛を楽しめる時代ではありませんでした。

でも、ここ半世紀で女性を取り巻く状況はずいぶん変わりました。

現代に生きている私たちは、自分で生きる道を決めることが出来る上、ライフスタイルもさまざま。年齢、国籍を気にすることなく結婚できるし、結婚しても仕事を続けることも辞めることも、お仕事をひと休みすることだって自分の意志で選べます。子供を持つ・持たないという生き方も本当に人それぞれ。

考察するうち、次の2点がプラス2項目の意味だと思い至りました。

1. 何が半世紀の間に発達したのか。
2. 何が選択できる環境にさせてくれたのか。

1は、広がるネットワーク。

つまり、情報収集の手軽さや人脈だと思いました。現代は携帯電話、パソコンの普及で情報が集まりやすくなりましたよね。このことにより、知識も広がり、色んなことが気軽に調べられたり、学べたり、簡単に出来たり。よって、女性も男性と対等に肩を並べて生きていけるようになったと思います。

2 は、勇気と行動。
昔は、女性として産まれたからには結婚をして子供を産むことが、お約束でした。しかし今は自分の夢に向かって海外留学に行ったり女性でも起業することが珍しくありませんね。自分を信じて生きることに専念したから行動に移せるようになったのだと思います。夢を諦めずに行動を起こすと、結果として人生の選択の幅が広がります。

この 2 つの項目は、現代に生きる私たちの世界に必要なものです。
大アルカナ 22 枚とこの 2 つの意味を合わせることが、24 の人生サイクルには不可欠なのです。こうして、タロットカード特有のメッセージに、勇気と行動に必要なのは下調べや情報、人脈という現代のエッセンスが加わることで、このフォーチュンサイクル占いは完成しました。

今回、みなさんに初公開するフォーチュンサイクル占い。
幸運の扉を開くため、自分のサイクルを知って、勇気を持って前進してください。

なぜ、左回りで
フォーチュンサイクルは進むの？

何千年も昔から占星術は、左回りでハウスやサインをみます。タロットもサイクルの形で占う場合は反時計回り。

私の解釈ですが、今を生きている時を表すのが時計回り。未来・過去、つまり現在ではないものを占う場合は今の時空間ではなく、反時計回りで占うのだと思います。占いは時計で時を刻んでいるような絶対時間ではなく、本人の選択によって未来は変わるので不安定な時空と考えます。

このサイクルさえ知れば無敵！

フォーチュンサイクルが夢のお告げに現れたのは、2011 年の冬。はじめは半信半疑でした。夢の中であまりにもはっきりと内なる声が聞こえ、フォーチュンサイクルでの鑑定の仕方を教えてくれたからです。

そんなことってありますか？

私は慌てて飛び起きると、忘れないようにサイクルを再現し、自分の人生と照らしあわせてみました。なんと驚くことに、私の人生にぴったり当てはまりました！！ それは、言葉にならないほど。

また、私 1 人だけのデータでは、まだこの占いが本物なのかどうかわからないので、家族親戚の鑑定を重ねました。すると、これまたサイクルにぴったり。どんどん自信を持って鑑定が出来るようになりました。

それから、100 人、300 人、1000 人とお客様も増えていきました。

サイクル通りに人生が進まなかった人。

迷って、意図とは反対のほうに進んでしまった人。
相手に合わせすぎてタイミングがズレてしまい、別れたカップル。
そんな方々を鑑定すると、みんな口を揃えて「早くこのサイクルを知りたかった。そうすると、自信を持って進めたのに」とか「やっぱり、そうだったんだ」などと、遠くを眺めて過去に思いを馳せるのです。

このようなお客様にお会いした経験から、このサイクルをはやく、出来るだけたくさんの悩める人たちに伝えたいとさらに強く思うようになりました。

フォーチュンサイクルを知ると
なぜ、引き寄せ力が高まるの？

鑑定をしていると、引き寄せ力に関する質問を何度も受けます。自分のサイクルを知ると不思議と、今年やるべきことが明確になります。つまり、無駄な悩みやゴールに向けて遠回りすることがなくなる、というわけです。

私自身もそうです。今年は、私にとってこんな年だからこんなことが起こりやすい、そのためにやるべきこと、キーワード、出逢いといったことが事前にわかるのですから、自分のプランをかたちにしやすいのです。チャンスが巡ってきたとき、それが必然であることを前もって知っていると、物事を大切に扱うことが出来ます。

きっと、事前に運命が明確になるから、引き寄せ力も高まるのだと思います。暗中模索の状態より、ナビを片手にゴールに進む方が早いように。この占いは、運命を事前に知る地図になると思います。

なぜかぴたりとはまる
パーソナリティー

タロットや占星術は何千年も前からたくさんの人の人生を占うために使われてきました。ナポレオン3世にはお抱えのタロット占い師がいたほどです。

ヨーロッパ各地で広まったタロットカードに神秘性を感じる人も多いことでしょう。今もなお人々に愛され、経営者など、世界を動かすようなトップさえもこの占いに一目置いています。運命を予測でき、前もって対処の仕方がわかるからこそ、この占いが今もなお、研究され続けているのだと思います。

フォーチュンサイクルは、タロット占いにその人のパーソナルな情報である誕生日を加え現代の人に必要な情報も取り入れています。様々な要素が融合した占いなので、的確な答えを導けるのだと思います。

フォーチュンサイクル占いをしてから
嬉しいニュースが続々と！

この占術を用いるようになって、恋愛がうまくいく人が続出しました。次から次にボーイフレンドが出来たという報告や「3ヶ月で結婚を決めましたー！」とか、なかなか妊娠できなかったのに「妊娠しました！」という連絡など、嬉しいニュースがたくさん。

フォーチュンサイクル占いは古くから受け継がれてきたデータから、あなたの恋のパターン、恋の始まりから諦めてしまうポイント、

恋を続けていく秘訣などを研究し、さらに恋が成就するために必要なツールや場所などを細かく記しています。

それは魔法のアイテムを手に入れたのと同じだから、恋愛運がアップして、恋が叶いやすくなるのでしょう。

カン違い女子から脱出！
本来の魅力を発揮できる

人はときとして自分の良さを忘れたり、チャームポイントを隠してしまうこともあります。

例えば、女性社会に生きていたら、自分好みの洋服よりも、まわりの先輩女性に気を遣ったファッションになってしまうこともあるでしょう。そんな服装ばかりだと、休日のファッションも地味目になる傾向があります。他人に合わせすぎることで、自分のチャームポイントを忘れてしまい「魅力的な女性になるには、どうしたらいいの？」って考え込む羽目にも。また、流行のファッションばかり意識していたら、あなたの個性がなくなってしまうことも。

人それぞれ、性格や個性が違います。シュークリームとお団子の美味しさ、魅力、味わいが違うように。本来はお団子ちゃんなのに、エクレアちゃんを目指しても、お団子はどうやってもエクレアにはなれない。実は、これがカン違い女子を生む理由なんですね。

若い頃は「カワイイ」だけで良かったけれど大人になると「若い」「カワイイ」だけじゃなく、自分本来の魅力を高めるテクニックが必要になると思います。

いくつになっても自分の魅力に気が付いてない方も多いし、コンプレックスだと思うようなことが、意外と周囲にはキラキラした魅力を放っている場合もあります。

この占いは客観的に自分を見つめることが出来るのが特徴。それが本来の魅力を高めることにつながるのではないでしょうか。だから急にモテるようになったり、いいことがたくさん集まってくるのだと思います。

トラブルも想定内に

フォーチュンサイクルの周期は、たくさんのデータとその人のパーソナルな情報（誕生日）から成り立っています。その時期の特徴を知ることで、避けたいこと、注意したいこと、油断してはいけないこと、要注意人物、必要人物などが前もってわかれば、心身を悩ませる場面でも余裕で対処できます。

例えば、ドラマの台本が手に入ったら、前もってあらすじがわかりますよね。
今から敵が襲ってくるシーンになるんだとかここで話しかけることで、この男子は主人公にとって重要な人になるんだとか。

でも、台本がなければどうでしょうか。演じる俳優さんはストーリーを知らないまま、演技を続けなければいけません。アカデミー賞級のどんなに上手な俳優さんが演じても、台本からかけ離れていると、監督からダメ出しの嵐。人生も同じです。台本を持つか持たないかで、運命は変わってきます。

このフォーチュンサイクルは、あなたの人生にとっての台本となるでしょう。人生のストーリーがあらかじめわかっていれば、色々

な選択を迫られたときに、答えが出しやすくなります。この占いは何千年も前から、たくさんの人の人生の答えを導いた占いをベースにしていますから、あなたよりあなたのことを知っているかもしれません。

これからどうしたいのか、現在なにをどう悩んでいるのか。フォーチュンサイクルは、そんなあなたの性格も理解して、背中を後押しするように出来ています。どんなことがあっても前向きに進んでもらえるように。行動するからこそ、引き寄せる力を手にすることが出来るのですから。

女子には、シンデレラになって欲しい

シンデレラは幸せに暮らしていましたが、なんだかんだで意地の悪い継母や義理の姉たちによって不遇の人生をおくる羽目に。これって、現代にもあるストーリーだと思います。あなたの周囲に意地悪な人はいませんか？ 理不尽なことを言われたり、邪魔をされたり、平気でうそをつかれたり、味方だと思っていた人が実は敵だったり。

でも、シンデレラは意地悪されても、負けませんでした。前向きに森の動物たちと歌を歌いながら、毎日を乗り越えました。だから、現代の女性にも自分の個性、魅力を知ってもらい、愚痴ばかりでなく生き甲斐を持って生活をして欲しいのです。シンデレラもみすぼらしい服を着させられ、屋根裏部屋に追いやられましたが 毎日を楽しく過ごす工夫をしていると、魔女がご褒美として数時間だけ変身させてくれましたよね。

毎日、愚痴やため息ばかりでは、魔女はやって来てくれません。シンデレラは舞踏会に行くという行動を起こしました。
「素敵な恋人が欲しいなぁ」と願うなら、行動に移しましょう。

欲しいものを手に入れる人生を

この占いを通して「あなたが主役」ということを忘れないでほしいです。多くの相談者が口にするのは「なにをすべきかわからないまま、あっという間に歳を重ねちゃいました」というもの。つまり、自分のやるべきことに気が付いていないのです。自分のサイクルを知ると、なにに集中すべきなのかわかるのでずいぶんスッキリします。

鑑定をしていると多くの女性が「仕事優先で結婚や子供のことを考えないまま、月日が経ってしまいました」とか「子育てのために仕事を諦めました」と仰います。

それは、初めから「私には両立は無理」と思っていたからです。「片方を選んだけど、やり直せるなら、両方手に入れたい」というのが本心です。そんな悩みを繰り返し聞くからこそ私は欲しいものを手に入れ、諦めない人生を自分で掴んでもらうための占いをしたいと心から願うのです。

どんなことも、自分らしく、自信をもって過ごすために。このフォーチュンサイクル占いは今を生きている人に不可欠なものです！
あなたの幸せな人生の道を歩むためのガイドとして使っていただければ、嬉しく思います。

mind Number check

あなたのマインドナンバーをチェック

マインドナンバー
生年月日に秘められた運命

誰もが持っている生年月日。
「おぎゃー」とこの世に生まれた瞬間、あなたの運命が決まります。
生年月日のナンバーには、深い深いメッセージが存在するのです。

生年月日に刻まれたメッセージ。その秘密を解き明かすために世界中で何千年も前から色々な占いが生まれ、研究されてきました。有名なのはカバラ、数秘術ですね。この生年月日はフォーチュンサイクルにおける個人情報といえます。バーコードやQRコードと同じように、生年月日のナンバーを運命という機械にかざすと、人生を読み取れるのです。あなただけのメッセージや使命、運命、運勢が自分自身で紐解けると面白くないですか？　わくわくしませんか？

私はたくさんの占いを研究しているのですが、このマインドナンバーを計算し、統計を出すたび「うわぁーお！またй！ナンバー通り！」といつも叫んでしまいます。本当に、興奮するぐらいマインドナンバーは個性を強く表し、そのナンバー独自の特徴に共通点が見いだせるのです。

私自身、自分のマインドナンバーにも納得の連続。「だからだー！」と自分の人生を振り返ってしまうこともしばしば。「じゃあ、来年はこんな年になるかも？」と予想すると、その通りに物事が進むので、どんどんこの占いに魅了されるようになりました。

生年月日が個人情報の役目を担うフォーチュンサイクル占いを、私はたくさんの方に利用していただきたいと願っています。モヤモヤした気持ちを解決するために、自分自身を見つめるきっかけに、将来の計画を立てるために。

この占いは、あなたの人生のツールです。人生をよりハッピーに、よりラッキーに、よりエンジョイ出来るように、まとめました。あなたの気持ちがちょっとでも楽になり前向きになれますように！

さぁ、まずはこの章であなたのマインドナンバーを算出してみましょう。

マインドナンバーの出し方

フォーチュンサイクルの「個人情報」にあたるマインドナンバーを計算しましょう。

1　生年月日を西暦にします。

例　マリリン・モンロー

　　1926年6月1日

2　生年月日を1桁にしてすべての数を足します。

例　1＋9＋2＋6＋6＋1＝25

3　さらにこの数字を1桁になるまで足します。

　　2＋5＝7

※3＋7＝10や2＋9＝11など、2桁の数字はさらに1桁になるまで足します。

4　この数字があなたのマインドナンバー。
　　性格、環境、未来を表します。

マリリン・モンローの
　　　マインドナンバーは7。(Lover)

●マインドナンバーで見たマリリン・モンロー

マインドナンバー7の人は、恋人の存在で人生が大きく変化します。
マリリンもラバーのメッセージ通り、野球選手や劇作家との結婚、大統領との不倫など、恋多き人生をおくりました。その時々で誰と一緒にいるかによって人生が大きく変わるのがマインドナンバー7の人の特徴。
彼女もそのマインドナンバーにそった人生を歩んだといえるでしょう。

有名人のマインドナンバーをチェック！

あの有名人のマインドナンバーは？
次ページのキーワードからイメージを想像してみてください。

自分の才能を開拓し、道を開いたアーティスト
レディー・ガガ
1986年3月28日生まれ　　　　　マインドナンバー **1**

スーパーモデルブームの牽引役として活躍
ケイト・モス
1974年1月16日生まれ　　　　　マインドナンバー **2**

知性と品格を兼ね備えた永遠の女優
オードリー・ヘプバーン
1929年5月4日生まれ　　　　　マインドナンバー **3**

養子と実子あわせて6人の母でもある女優
アンジェリーナ・ジョリー
1975年6月4日生まれ　　　　　マインドナンバー **5**

語り継がれる永久不滅のKing of Pop
マイケル・ジャクソン
1958年8月29日生まれ　　　　　マインドナンバー **6**

マインドナンバーに刻まれたキーワード

マインドナンバー 1　Challenger（チャレンジャー）
好奇心旺盛、開拓者、自由人、才能、楽しむ、破天荒、個性的、旅好き

マインドナンバー 2　Magician（マジシャン）
リーダー、奇跡を起こす、チャンスを掴む、天才、プロデューサー、プロフェッショナル

マインドナンバー 3　Teacher（ティーチャー）
知性、品格、愛情、人に教える、教養、忍耐、親切、勤勉、情報通、博識

マインドナンバー 4　Queen（クイーン）
平和、権力、クリエイティヴ、子供好き、女性に囲まれる、カリスマ、自信、名誉、愛

マインドナンバー 5　King（キング）
責任感、権力者、強気、野心、独占欲、セレブ、仕事好き、才能、成功

マインドナンバー 6　Messenger（メッセンジャー）
指導者、支援活動、誠実、尊敬、巨匠、経験、情報発信、職人、マイペース

マインドナンバー 7　Lover（ラバー）
恋愛、トキメキ、生き甲斐、素直、パートナーの影響を受ける、物志向、充実、美しさ

マインドナンバー 8　Fighter（ファイター）
勝利、仕事、行動派、出世欲、体力、行動力、向上心、健康的、偶然の出会い、ストイック

マインドナンバー 9　Balancer（バランサー）
両立、正義感、公平、まじめ、2つの顔を持つ、ミステリアス、多才、器用、再婚、多展開

チャレンジャー *challenger*

あなたはとても正直です。
イヤなことはイヤ……。

やりたくないことを回避するためには、どんな手段も選びません。
そのため、合わないと感じる人との付き合いを敬遠します。
でも、それでいいのです。あなたは強烈な個性の持ち主。
あなたは、例え9人が黒だと言っても、白だと思えば主張できる強さを持っています。

恋愛においてもたくさんの人と付き合うというより、自分のすべてを相手に捧げていいくらいの激しい愛に、一生のうちに何度か出会うでしょう。
愛し、愛される純粋な愛を求めるあなたには、不倫や三角関係、あいまいな関係は向いていません。それは自分でもわかっているはずです。
心の底から愛した相手との別れ、失恋にあなたの身も心もボロボロになるでしょう。
そのため、すぐに自分の本心をさらけだすことに対して臆病になってしまうかもしれません。しかし、あなたは信用した相手には素直に愛情表現できる人です。

あなたはプライドが高く、負けず嫌いなところがあります。
それは、パートナーに対する態度にも表れてしまいます。
だから、本当は素直に甘えたくてもつい、強がってしまったり、彼を突き放すようなことを言ってしまったり。
気になる彼には、仲良くなる口実にちょっといじわるをしてしまったり、あえて素っ気なく接してしまうかもしれません。

それは、あなたが相手との距離感がつかめずにどうしていいかわからないからです。
しかし、相手が振り向いてくれると、あなたは一気に彼を支配下に置こうとします。
そんなあなただから、彼が意のままにならなければイライラしてしまいます。

マインドナンバー1の人は、1の数字が始まりを表しているように
自立心が強く、早くから親から独立して暮らしているか
地元を離れていたり、フリーで仕事をしたり、経営者の人が多いです。

『ツキをよぶフォーチュンサイクル占い』お詫びと訂正

本書をお買い求めいただきまして、ありがとうございました。
83ページの表に17歳が抜けており、ここに訂正いたします。皆様にご迷惑をお掛けしましたことを深くお詫び申し上げます。

P83の表

✕ 誤

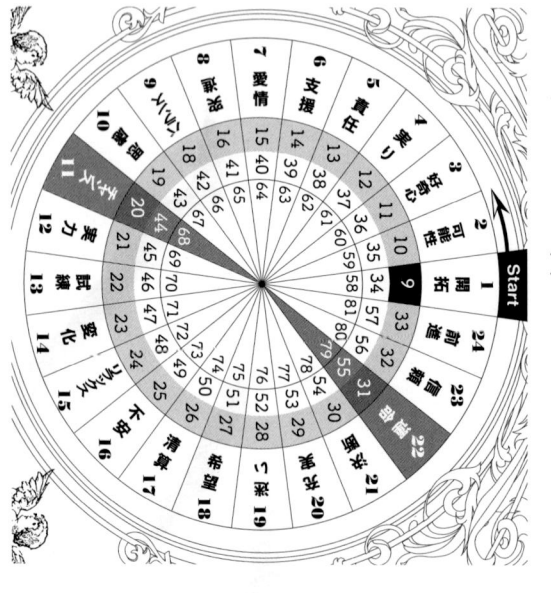

○ 正

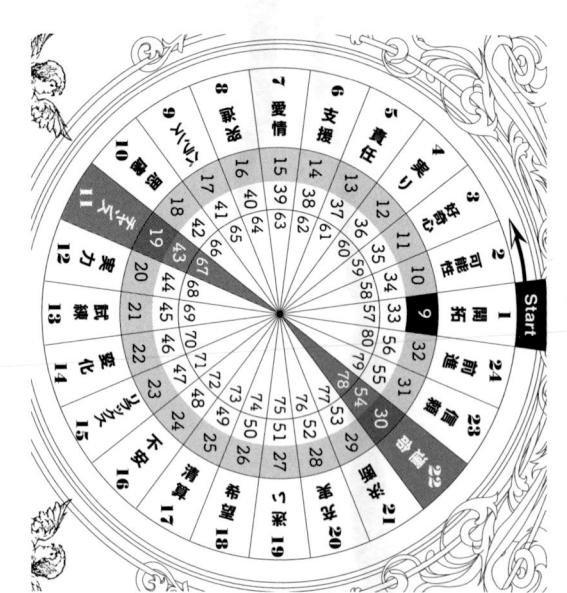

P83 作り方 4行目

✕ 誤　2014年、満31歳の彼女は運命期に入っていることがわかります。

○ 正　2014年、満31歳の彼女は信頼期に入っていることがわかります。

性格

知識より経験を重視するタイプ。だから、高校卒業後は就職したり、大学に進学しても学業よりアルバイトを優先したり、学生起業するなど、働くことが好きです。強い精神力と独立心が強いこともあり若いうちから起業をする人も少なくありません。

さらに、あなたは誰かに指示されたり、企業という枠の中で仕事をするのが窮屈なのかもしれません。幸運を手に入れるために必要なのは、「行動」「失敗を恐れない心」「個性」。人と同じように過ごしていては、あなたの魅力も半減してしまいます。思い切った行動をとることで常にあなたは人とは違う生き方が出来るはずです。

しかし、ときとして、周囲に理解されずに苦しむことがあるかもしれません。でも、それは、あなたが理解されようと思うからです。そこが間違っています。あなたのような天才を凡人は理解出来るわけが無いのです。周囲のことを気にせずに、あなたらしく過ごせるようになれば、無敵です。次から次に成功を収めるはず。

ライフスタイル

マンネリを嫌い、新しいものが好きです。育った環境から飛び出して違う土地、異国で生活する人も多いです。知らない土地、食べたことのないもの、色々なことに興味を持ちます。旅行が好きでしょう。文化、言語、食事、習慣など異国での刺激はあなたの人生に大きく刺激を与えます。

一見、人当たりがいいから友達も多そうに見えますが、友人を慎重に選びます。心を許せる親友は、2～3人ぐらいでしょう。しかし、仲間意識が強いので仲良くなれば友人を家族のように大切にします。操り人形のようになること、あらかじめ引かれたレールの上を走ることを嫌います。

あなたは大変でも自分が納得する道を歩まなければ気がすみません。だから、どんなに両親に反対されても自分の決めたことは諦めません。目標や夢を持つとゴールまで一直線なタイプ。いかに効率よくムダなく仕事が出来るか考えるのも好きでしょう。人には理解出来ないような強いこだわりを持ち、マイルールを大切にします。古典的なことに魅力を感じることがあります。盆栽とか、お茶、三味線や日本舞踊など。年を重ねるにつれ、人生もライフスタイルもシンプルイズベストになっていきます。

恋愛

せっかちで、異性を好きになるのも、行動を起こすのも、スピーディーです。あなたは、なにごとにもハッキリさせたいタイプだから、好きなのにダラダラ友人関係を続けたり、彼がアクションを起こしてこないことにイライラしてしまいます。

あなたは独占欲が強く、嫉妬もすごいでしょう。彼の帰りが遅かったり、女友達と仲良くするのも心穏やかではありません。なぜなら、あなたは男と女の友情は成立しないと思っているからです。彼があなたと2人でいるときに、ちょこちょこ携帯を触っていると、気になって仕方がないでしょう。彼の携帯をこっそり見てしまった過去もあるのでは？　きっと疑わしいメールや写真などを目にしてしまった場合は、知らない顔なんて出来ません。彼に詰め寄り、白状させたくなるはず。お金問題には目をつぶることが出来ても、女性関係だけは許せません。

狙った男性を見つけると、相手の家に押しかけていくような大胆な行動をとることもあります。体の関係を結び、お付き合いに発展したという経験もあるのでは？　好きなら好きとストレートな言葉でアタックします。彼から反応がない場合は、意外と諦めは早く、しつこくネチネチ追い回すようなことはしません。さっさと見切りをつけ次のターゲットを絞ります。プライドが高いので「あいつ、不細工だったし付き合わなくてよかった」などと発言することがあるでしょう。

付き合うと意外とウブで乙女っぽいところがあるので、いつもは、サバサバしていても彼の前で見せる表情は別だったりします。いつも一緒にいたいと思うタイプなので付き合い始めると自動的に休日は彼と過ごす時間にあてるでしょう。だから、彼氏がいるときといないときでは、すぐにわかるタイプです。

結婚後は、仕事、家事、育児とテキパキとこなすスーパーウーマンになるでしょう。子供を監視したい方なので、教育ママになったり、子供のことを常に把握できるよう友達のように接するかも。ただし、あなたの発言には影響力がありますから、ママ友の間で恐怖政治を行わないよう、ほどほどに気を付けましょう。

❤**結婚しそうな年齢**　満年齢で21歳、22歳、25歳、28歳、31歳、35歳、37歳、38歳、42歳、44歳、46歳、49歳、52歳のとき。

仕事・お金

積極的で行動力があり、ビジネスチャンスを若いうちから掴みとることが出来るでしょう。負けず嫌いで闘志を燃やすタイプです。大変な仕事ほど燃え上がることも。しかし、追い込まれないと本領発揮できないので、ギリギリまでダラダラしてしまうところがあるでしょう。

本番に強く、やると決めたらどんなことをしてでもあなたは目標に向かって突き進むところがあり、成功を掴みとることが出来るでしょう。実際にマインドナンバー1の人は、カリスマ経営者に多いナンバーです。若干、どんぶり勘定なところがあるので有能な経理や税理士が必要です。

あなたは、ケチケチするのが嫌いでみんなの前でパーッと大盤振る舞いしてしまうところがあります。バカ騒ぎをするだけでは、死に金になってしまいます。ごちそうするときも、本当に必要な支払いなのか生き金なのか考えて使うようにしましょう。そうしなければ、あなたにたかる人たちが群れを成してしまいます。そんな人たちから自分を守るために、右腕として真面目で堅実な人を置いてみては。それは金銭感覚が優れているマインドナンバー3や6、堅実なマインドナンバー8の人などもいいでしょう。

貯めることよりも、稼ぐことに魅力を感じます。お金に対する考え方は独特です。お金があってもファーストクラスに乗るより、海外にたびたび行きたいと考える方です。トイレットペーパーやキッチン用品もこだわりがない分、安く済ませますが、気に入った物には周囲が驚くような金額を払うようなところがあるなど、節約家なのか浪費家なのかわからないところがあります。

適職は、ルーティン作業が苦手なので事務職や根気がいるような仕事より、変化のある仕事が向いています。自営業、プロデューサー、プロモーター、ライター、アーティスト、添乗員など。いきなり独立するのが怖い人、起業に興味があるけど、どうしたらいいかわからない場合は、ネットやイベントなどに参加してプチ起業体験するのもいいでしょう。自分の才能にまだ気が付いていないかもしれませんよ！
年齢や学歴など気にせずにまずは、トライを！たくましいあなたなら大丈夫です！

健康・体質

健康的な方ですが、幼少期はアトピーや喘息などに悩まされていたかもしれません。ストレスが増えると体重と比例するところがあります。食べていないのに、気が付いたら急に体重が増加していたなんてこともあるのでは？

他のナンバーに比べ精神力が強いので、倒れるまで仕事を頑張ってしまうところがあります。疲れ果てて心がギブアップしてしまう前に、休みをきちんと取りましょう。そうでもしないとあなたはポキッと心が折れるまで働き続けてしまいます。

ずっと第一線で全力で走り続けるタイプです。そんなあなたには、リンパマッサージがオススメ。気分が浮かないときは、グレープフルーツの香り、体や心が疲れてぐったりしているときはラベンダーの香りで癒してください。寝る前のセルフマッサージを習慣にし、休日にはプロにケアをしてもらうのもいいでしょう。

食事は、味の濃いものやカロリーの高いものを好む傾向があります。パン、お米、パスタなどの炭水化物がお好きでは？　あなたは食事制限などのダイエットは、向きません。痩せてもリバウンドしてしまいます。好きなときに好きなものを食べないと食欲が抑制され、その反動で、かえって食欲がふつふつと湧いてしまいます。

あなたは、あまのじゃくなところがあるので、恋も食欲も「ダメ！ダメ！」と思えば思うほどブレーキがかからなくなってしまいます。だから、上手に運動を日常に取り入れ、好きなものを好きなときに少量ずつ食べるようにしましょう。

心の気晴らしには、旅行がピッタリ。キャリアウーマンのあなたには、非日常の世界へ飛び込むことが一番のリフレッシュになります。休みが取れたらハワイなどのリゾート地でぼーっと過ごし、イルカと泳いだりして日常から離れるといいでしょう。休みが取れないときは、旬のフルーツ狩りや温泉などの日帰りバスツアーなどに参加するのも気晴らしになります。日頃の疲れをスッキリ洗い流すことで、さらにアクティブに、最強ガールになれるでしょう。

🦎 **フォーチュンスポット**　ハワイ、イタリア、スペイン、青森、福岡、鹿児島

🦎 **フォーチュンフード**　おにぎり、ポテトサラダ、卵焼き、パスタ、ピザ

🦎 **フォーチュンアイテム**　帽子、ヘアのアクセサリー、ヘアケア商品。シャンプーやコンディショナーもこだわりのものを選びましょう。ここぞってときには美容室でのトリートメント、頭皮マッサージで気合いを。

🦎 **フォーチュンカラー**　ブラック、ホワイト

🦎 **ストーリーキーワード**　気になるワードであなただけの物語を想像しましょう。
出発　再出発　旅行　相棒　信じる　歩み　興味　純粋　好奇心　ゼロ　遊び　気まぐれ　独りよがり　異常　つまらぬこと　行為　行動　演技　冗談　才能　家を出る　判断　無職　失業　新しい旅立ち　冒険家　発展　開拓　挑戦　自由　可能性　実力　考えるより行動　根拠のない自信　芸術　礼儀　実現　購入　起業　夢　感覚　お金　家族　友達　兄弟　ハングリー精神　勝利　勇気　やる気　健康　手に入れる　ブランド　海外　発明　開発　価値　自慢　価値観　衝撃　一目惚れ　情熱　スピーディー

マインドナンバー 1

マインドナンバー1の彼は　「思い立ったが吉日タイプ」

彼と付き合うなら、いきなりの誘いにも対応出来るフットワークの軽さが必要です。彼は、こどもっぽい無邪気な性格で、楽しいことが好きで豪快なところがあり浪費傾向が。ケチケチするのが嫌いで大盤振る舞いすることもあるので、結婚後はしっかりとあなたが財布の紐をしっかり管理する必要が。彼は、勝負好きなところがあるので、仕事も恋もどこかゲームのように楽しむところがあります。デートは、彼の勝負心をくすぐるようなプランを考えるといいでしょう。一緒にゲームをして、彼の闘争本能をかきたてて盛り上げて。しかし、彼は飽きるのも早いので同じ手ばかりは使えません。新しい発見や出会いなどが期待できるノープランのお散歩デートもオススメです。気を付けて欲しいのは、束縛と仕事のダメだし。自由人なところがあるのでメールの返事が遅いかもしれません。ノーレス、遅い返事の覚悟は必要です。ハードワーカータイプでもあり、仕事についてあれこれ口をだしてはいけません。なにか彼からアドバイスを求められたときだけにしましょう。絶対に彼に言ってはいけないのは「私と仕事どっちが大切なの？」そんな質問をしてしまうとあなたの品格を疑われます。単純な性格の彼をおだてて、立てることが出来れば、付き合っていくのは難しくありません。

マジシャン *magician*

まるでハリウッドスター！
いつでもどこでも注目の的。

相手に合わせて色々な自分を演じることが出来ます。
持ち前のサービス精神から、ついつい相手の望む自分を演出し、無理してやり過ぎてしまうことがあるかも。でも、そんな楽しい時間を過ごした相手は勘違いしてあなたに恋焦がれてしまいます。
なんと、あなたは罪作りなのでしょう。

あなたは、とても魅力的な人だから
いとも簡単に相手の心を惹き付けることが出来ます。
多くの男性があなたの気まぐれや気持ちに涙を流してきたかもしれません。

しかし、ノリがいいあなたもときとして勢いで心に想ってもいない人とお付き合いをスタートさせてしまうことがあるかもしれません。
彼と関係を持ってしまい「あっちゃー、やってしまった」という経験は？

でも、仕方がありません。
あなたは、ウダウダ考えるより、そのときの雰囲気に流されやすいところがあります。
ときには、それが失敗だったと思うことがあるかもしれません。

でも、あなたは元々、選び抜かれた人。みんなが驚くような奇跡を手に入れます。
思ってもいないような出会いやチャンスを掴むことが出来るでしょう。スーパースターや大金持ちにも縁があります。
そのようなチャンスを手に入れるために大切にするのは「直感力」と「感性」。

例え、人と好きなものが違っても考え方が異なっても周囲の意見に流されることなくしっかりと自分を確立することが大事。なにをしても自然に目立ってしまうあなたは妬みや嫉妬の対象になってしまいやすいところもあります。そんなものは気にしちゃダメ。やっかみは笑って吹き飛ばしましょう！

性格

あなたは繊細で、豊かな想像力の持ち主。文才、歌唱力、デザイン力などといったクリエイティヴな才能に溢れているアーティストタイプです。豊かな想像力のせいで空想の世界にふけてしまうことがしばしあるかもしれません。何時間でもぼーっと自分の世界に浸ることが出来るでしょう。でも、あなたが周囲と違うのは、その描いていた空想の世界を実現する可能性と奇跡を兼ね備えていること。

実際に、このマインドナンバー2のマジシャンの人は、みんながうらやむようなシンデレラストーリーを手に入れている人が多いのです。ブータン王妃もその1人。7歳のときに家族と訪れたピクニック先で国王に遭遇し、「大きくなったら結婚してください」とお願いしたそうです。そして実際に、21歳でその夢が実現し、王妃になりました。このように、みんなの想像を超えたチャンス、出会いが訪れやすいのです。さらに、あなたには運だけではなく、魅力的な容姿、実力も備えています。自信を持って夢を次々と実現してください！

ライフスタイル

あなたは直感で生きる人。よくひらめき、自分自身がどうしたいのか、夢を叶えるためにはどうしたらいいのかわかっています。自分のアピールポイントも知っていて自己プロデュース力も抜群。自分の可能性を信じて進むことによって運が開ける人です。

積極的に色々な場所に出向くことでチャンスは広がります。おしゃれで、アートの才能があったり、音楽が好きだったり、センスもあるので、興味を持ってもらえるでしょう。友達のプレゼント選びも上手。お部屋だって素敵。みんながあなたのライフスタイルに憧れを抱くでしょう。なんとなく、という感覚でなんでも出来ちゃう人。

あなたが気を付けないといけないのが、いいことも悪いことも実現してしまうことです。落ち込んでもすぐに楽しいことを考えて、気持ちを切り替えてください。よくない方向に考えると、どんどん落ちていき、悪夢を再現してしまいます。あなたは、魔法使いのように、夢を叶えられる人だということを忘れないで！

恋愛

包容力を持ち、趣味や価値観が似ている相手があなたの選ぶべき男性。いつもあなたと一緒にいたいと願う人や子供好きの家庭的な男性と結ばれると幸せになれます。孤独の顔を持った母性本能をくすぐるようなタイプ、ちょっと自己チューなオラオラ系少年のような心を持つロマンティストなど、惹かれる男性は幅広く、過去にお付き合いした男性のタイプがバラバラでは？　人生において、2度か3度、あなたの人生を左右するような大きな大きな燃え上がる恋愛経験をしたこともあるでしょう。

女友達より恋人に癒しを求めるタイプなので、彼に愚痴や相談もしたいはず。だからあなたの話をきちんと真剣に聞いてくれる人を求めるでしょう。あなたに対して冷たくあしらったり、適当に接する人とは関係を長続きさせることは難しいでしょう。

パートナーと付き合いが長くても、結婚後も女性の魅力を忘れない人です。人より多くのチャンスを手に入れることが出来るから、玉の輿運とパートナーが出世する運を持っています。恋人をプロデュースするのも上手で彼をグングン、オシャレに変身させることが出来ます。2人はみんなが憧れるベストカップルに。

そんなあなたは嫉妬深いところがあり、彼の家に元カノとの思い出のものがあったりすると、気になって仕方がないでしょう。勝手に彼と元カノの思い出のアイテムを捨ててしまった過去もあるのでは？　想像力が豊かなことも影響し、疑ってしまうと次々に悪い妄想を繰り広げてしまうところがあります。彼に当たり散らすだけでは、あなたの思いは伝わりません。また、彼の浮気が心配な場合は、変に疑ったままにせずにきちんと彼と納得いくまで話し合うことが大切です。結婚後は、妊娠とともにお仕事を少しお休みし、家族との時間を優先するでしょう。
子育ての空いた時間に働くというスタンスが、仕事と家族のどちらも犠牲することなく、バランスのよい生活をおくれます。結婚後も子供を預けて、たまには2人でデートを楽しむようなひとときがなければ淋しくなってしまいます。あなたは、母であり妻であり、女であるということを忘れないでしょう。

♥**結婚しそうな年齢**　満年齢で23歳、24歳、26歳、29歳、32歳、36歳、37歳39歳、43歳、45歳、47歳、50歳のとき。

～ **仕事・お金** ～

センス抜群のあなたは、その感性を活かす職業につけば、大活躍間違いなしです。

モデル、アーティスト、デザイナー、エディター、作家、音楽やファッション関係、TV製作、パティシエといった、型にはまらず、直観や個性、オリジナリティが求められる職業が適職です。営業や、デスクワークの場合は、あなたらしい仕事の取り組み方を模索することで才能が発揮できるでしょう。ルーティンワークや没個性の職種はあなたを苦しめます。特に、常識や慣例といった堅苦しいルールはあなたにとって意味のないものです。自由な社風や職業で思う存分、実力を発揮します。趣味や好きなことに取り組むと持前のセンスで、その道で成功できるはずです。

また、遠回しな言い方や建前といったことを煩わしく感じるため、あまりにもストレートな言い方をすると目上の人間や、年上の同僚に目を付けられそうです。良くも悪くも、実力主義なところがあるので、年齢に関係なく、あなたにとって尊敬に値する人物なのか、仕事での成果といった点で相手をバッサリ判断してしまいがち。仕事は周囲の協力がなければ、うまくいかないこともあるので、露骨な対応は慎んで。

現在の仕事が理想とは、ほど遠いと感じるのであれば、もっと自分からそのセンスを売り込んでいくべきです！　新聞や雑誌、ネットといった情報をうまく収集し、憧れの仕事やポジションを得るために、コンペなどに積極的に参加しましょう。

金運もなかなか強く、ギャンブル運やくじ運も良いので、のめりこんでしまうと中毒になってしまいます。あなたの場合はお金ばかり追い求める金儲け主義者になってしまうと、金運が逃げてしまいます。理想や夢を追い求めるあまり、お金はサッパリということもいけませんが、金額の高い安いばかりに縛られてしまうと、せっかくのセンスを錆びつかせてしまいますよ。

あなたのセンスを認めてくれる人たちを見つけ出すことが出来るかどうかが、キーポイントです！　たくさんの人と知り合い、夢をプレゼンすることで、あなたの賛同者は現れるはずです。
マインドナンバー4と5の人はあなたと同じようにセンスも良く、アンテナも高いので、一緒にいると共感することも多く、居心地がよいでしょう。

マインドナンバー **2**

健康・体質

普段は穏やかですが、なにかのきっかけでスイッチが入ってしまうと感情の起伏が激しく自暴自棄になってしまいやすいところがあります。パーッと騒いだり、1人でお家に引きこもったり。周囲の人々もあなたにどう手を差し伸べたらいいのかわかりません。ときに、恋人や家族、友人から「なにを考えているのかわからない」と言われたことはありませんか？

あなたは複雑で繊細な面も持ちあわせているので、周囲がうらやむ生活や仕事をしていても空虚感やプレッシャーが襲いかかってくることも。自分に対してブレーキをかけられないところがあります。両親の離婚、虐待、借金などのトラブルに巻き込まれてしまう場面に遭遇することも考えられます。そのため、トラウマや心に深い傷が残ってしまい、苦しんでいる人もいるかもしれません。

もし、あなたが成功を掴んだら、家族を養うなど、広い意味で面倒を見るという役回りが巡ってくるかも。複雑な環境で育ったり、いじめにあったことで、あなたは強い人間にならなければならず、目には見えない鎧を身にまとわなければ生きていけなかったかもしれません。あなたは、どんなパートナーと付き合うかによって精神状態が決まります。安定するか、常にピリピリ不安定になってしまうか……。よって、付き合う友人や恋人選びは慎重に行いましょう。

細かい作業が好きだったり、読書が趣味だったりするので目に疲れが出やすく、視力が悪くなりがち。目の病気には気を付けましょう。目やにが多くでたり、ものもらいが出来やすい体質です。もし、あなたが恵まれた環境、人間関係の中で生活すれば、穏やかに過ごすことが出来るでしょう。それぐらい、あなたは周囲によって、人生が大きく変わる人なのです。

🐟 **フォーチュンスポット**　フィンランド、アフリカ、ドバイ、沖縄、四国、北海道

🐟 **フォーチュンフード**　かき氷、創作料理、キッシュ、カレーライス、納豆

🐟 **フォーチュンアイテム**　瞳、つけまつげ、まつげエクステ、サングラスなど目元にインパクトを与えるもの。くま、くすみはチャンスを邪魔する敵。ホットタオルでアイケアも忘れずに。

> マインドナンバー **2**

🐟 **フォーチュンカラー**　パープル、ピンク

🐟 **ストーリーキーワード**　気になるワードであなただけの物語を想像しましょう。
コツ　学習　しくみ　テクニック　始まり　常識　ハキハキした　魅力　個性　プランニング力　リーダー　体験　独創性　高い技術　手腕　デザイナー　プロデューサー　新入生　アイデア　想像　ミラクル　直感　策略　器用　知識　感性　神秘的　芸術　繊細　チャンス　天才　才能　デビュー　輝く　未来　人気者　天然　愛される　恋人　我慢できない　サクセスストーリー　憧れの　生活　自慢　王子様　ファッション　センス　ライフスタイル　お手本　豊富　セレブ　留学　語学

マインドナンバー2の彼は　「ゴーイングマイウェイタイプ」

仲良くなったと思ったら距離を置かれたり、突然メールの返事が来なくなったり。また、平気で遅刻してきたり、女友達と遊びに行ってしまうことも。「一体、何なの?」と理解に苦しみ、納得できない言動をする彼。付き合うと、戸惑うことも多いかもしれません。しかし、彼にとってそれは普通のことなのです。マインドナンバー2は、不思議な時間軸を持っています。付き合うのであれば、細かいことは気にしてはいけません。感覚の人で天才肌の天然キャラですから、大目に見てあげてください。すべてが彼の個性であり、魅力になるはず。いいところも、悪いところも、彼にしか出せない持ち味です。しかも、彼は自分のペースで進むことによって運が開ける人。人間関係に悩むと運気が乱れてしまいます。また、環境によって運気が左右されやすいデリケートな面もあります。どんなときも彼の一番の味方でいてあげてください。

ティーチャー Teacher
アイデアと努力で夢をゲット！
努力家の現実主義者

あなたは思慮深く、幼い頃から同世代の子よりも落ちついて見え、しっかりしていたはずです。生まれつき、物事を深く掘り下げて考える癖があるので1人で静かに過ごすことも苦ではありません。

自分自身についても客観的にとらえがちなので人前では、求められている自分を演出してしまう一面があるでしょう。
両親の前ではあえてこどもっぽく。恋人の前では彼の望むような女性を。職場では役割に合わせ、本心とは裏腹に良い子を演じてしまいがち。そのため、長く付き合うほど見た目とのギャップを指摘されることがあるかも。

しかしそれは、あなたが本心を相手にさらけだした証拠。
用心深いあなたは、めったに相手に本性を見せることはないでしょう。

人前での失敗や恥をかくことが大嫌いで、常に冷静に物事をうまくこなそうとするあなたからは品というオーラが漂っています。ただし、あまりにも自分を自分で律し過ぎて人の目を気にして自由にふるまうことが出来ず、ジレンマやストレスを溜め込んでしまうことも。そんなときは、1人で旅行に出かけて心のリセットを。誰もあなたを知らない土地で異文化に触れることで気力がわいてくるはずです。

また、現実主義者でもあるので、おのずと夢を叶える人が多いのが特徴。
小さい頃から、堅実に目標を掲げます。

ときにそれは、英国のキャサリン妃のように王子と恋に落ち結婚、出産というドラマティックな現実を作ります。
プランニングが得意なこのナンバーの人は見事、自らの努力とアイデアで叶えてしまうのです！

性格

あなたの最大の魅力は、どんなときも気品に溢れ、知的なところ。美人でスタイルが良くて仕事までテキパキこなしちゃうあなたは、異性だけでなく同性からも憧れの存在。でも、高嶺の花と思われやすく男性からのアプローチが思った以上に少ないかも。きっとなんでも出来てしまうあなたに萎縮してしまうのでしょう。しかも、彼氏がいないのに、恋人がいると思われてしまうことも……。恋に奥手だから、あなたから男性に積極的にアプローチするのは苦手で、どちらかというと、男性にリードして欲しいと思っています。恋も仕事もマイペースで、好きなように過ごしていたら、あっという間に年齢を重ねてしまうでしょう。

趣味に仕事にやりがいをもって過ごせます。自分の世界を作り過ぎてしまうと、人間付き合いが嫌になり人を寄せ付けなくなってしまいます。それでは、せっかくのあなたの魅力が発揮できません。あなたは人と人とのつながりを大切にすることで運が開くタイプです。だから、いくつになってもコミュニケーションを大事にし、性別、世代関係なく仲良くしましょう。あなたは年齢を重ねるほどさらに内面的な美しさがにじみ出て、美人度がアップします。ぐっと年上の男性か年下の男性に縁があります。

ライフスタイル

本物志向でいい物を長く使いたいタイプです。部屋は定期的にきちんと掃除する方でしょう。質の良いリネン、お気に入りの食器、アンティーク家具や年代もののワイン古い映画、古本、先祖から引き継いだ物、形見などがあなたに縁があるもの。伝統的なジャパニーズスタイルか、まるでフランス映画にでてくるようなオシャレなお家があなたの家のイメージです。

シンプルなカラーリングでまとまって整理された空間があなたにツキを与えるでしょう。家でのんびり過ごすのを好みます。男性に甘えるのがちょっぴり苦手ですが、ペットの前ではありのままのあなたでいられます。ストレスを溜めやすいあなたにとってペットは最高の癒しの存在です。もし、動物アレルギーでペットを飼えないなら、観葉植物や熱帯魚などを育てるのがオススメです。あなたはなにかを育てることで、心のバランスがとれ、リラックス出来ます。植物をすぐに枯らしてしまうからと敬遠せずに育ててみましょう。悪い気を吸い取ってくれるし、一石二鳥です。

恋愛

好きになると一途で、彼のことしか見えなくなるでしょう。ウブなタイプなのできちんと付き合うのは遅い方です。好きでもない人と付き合うぐらいなら、よっぽど1人で過ごしている方が気が楽でいいでしょう。それぐらいあなたは誰とでも付き合うような軽い女性ではありません。しかし、ごくまれにどうでもいい人と付き合ってしまい、痛い目にあったことはありませんか？　告白されたのにあなたの方が彼にハマってしまい、あっさり彼に振られてしまったとか。「付き合ってみたらイメージと違ったからごめん」と言われた経験はありませんか？

このナンバーの人は、付き合い始めると交際が何年も続くようです。だから、もし別れてしまうと彼のことを引きずってしまったり、恋が面倒くさく感じてしまうかもしれません。ゆっくり恋心を育てる方なので、友達や後輩、職場関係の人と気が付くと交際していることも。出会った瞬間、恋に落ちて激しい恋愛をしたいと思うこともありますが、身を滅ぼすような恋に落ちてしまうタイプではありません。

また、頭の回転が速く、相手の心をくすぐる会話を仕掛けたり、自然と恋の駆け引きを演出できるタイプ。気になった相手が、スマートな会話が楽しめないようだとガッカリして一気に恋が冷めてしまうことも。尊敬できて品がある相手を好みます。

あなたは、パーソナルスペースを大切にするので、ズカズカと土足で心に入ってくるような乱暴な人は苦手です。どんなに相手を好きになっても、どっぷりと恋にのめりこむことがなく、どこかクールな一面があります。

恋愛トークもあなたが中心になって話すより聞き役にまわることの方が多いでしょう。結婚しても、対等な関係を築くでしょう。家事も子育ても器用にこなし、お金のやりくりも上手です。完璧主義者なところがあるので夫や子供に口うるさくて、かまい過ぎる傾向があるので気を付けてください。なんでもかんでもあなたがやり過ぎてしまうとそれが当たり前になり、ときに感謝されることなくウザがられてしまうかも。

♥**結婚しそうな年齢**　満年齢22歳、23歳、24歳、25歳、26歳、27歳、30歳、33歳37歳、43歳、45歳、47歳のとき。

仕事・お金

行動力と頭の回転の早さ、高い社交性といった、ビジネスに向いている性質の持ち主で、生まれながらの仕事人間といえるでしょう。商才があり、ビジネス全般に適性があります。好奇心の強い性質を活かせば、ジャーナリズムの分野で活躍できますし、アナウンサーやライターなど、言葉や文章に関わる職業、放送、出版などマスコミ関係も適職です。情報能力にもたけるあなたは、どんな仕事についても、新しい情報をプラスしたアレンジを提案することで、高い成果をあげることが出来るでしょう。向上心も強く安定志向なので、手に職を持つ人も多いです。

学生時代、教師を目指していなくても一応、教職の免許を取ったり、就職に有利と聞けば資格所得に励むでしょう。そんな真面目なあなたが仕事中毒になってしまうと、恋愛はそっちのけになってしまいます。いや、正しくは、恋愛までエネルギーが残ってないという表現の方がいいでしょう。

責任感が強いあなたは深夜までデスクに向き合い、高い評価を手に入れようと必死に頑張ります。そんなあなたは、輪を乱す人間を嫌悪します。空気を読まない人にも苛立ちを感じます。

しかし、あなたもすべて自分のやり方こそがベストだと考えがちで自分の意見ややり方を通そうとする面があります。それでは、周囲に合わせることが出来ない頑固者と同僚には映ってしまいます。あなたは自由と規律、相反するものを心に持っているのですが、あくまで自分の案こそが正論だと信じて疑わないので、周囲にも同意を求めるあまり、高圧的な態度をとって、軋轢を生まないようにしてください。
いつまでも柔軟さを忘れなければ常に進化し、どんどんパワーアップしていくことが出来るでしょう。

金銭面は、株の売買や投資などで儲ける才能があります。ただし、小金を動かすことは出来ても、大金を操る度胸にはやや欠けるようです。同じことを繰り返したり、決められたことをやり続けるのはあまり向いていません。出勤時間や業務が決まっている会社よりも、成果主義な会社や、フリーランスに近いスタイルで仕事をする方が向いているかもしれません。

マインドナンバー 3

健康・体質

肺炎、気管支炎など、呼吸器系統の病気に注意が必要です。ヘビースモーカーの場合は、体のためにも本数を少しでも減らすようにしましょう。ストレスが溜まってしまうと、風邪でもないのに咳が出てしまうこともあります。普段から呼吸が浅いので、ヨガなどで呼吸を整え、深い呼吸を意識しましょう。

季節の変わり目や、真夏、真冬には免疫力が低下し、風邪を引きやすいので気を付けて。帰宅後のうがい、手洗いを習慣化し、予防を！　神経痛など、神経系統の病気にも注意してください。あなたは完璧主義者でストイックタイプ。周囲に甘えたり、弱音を吐くのが苦手なところがあり、なにごとも自分でやり遂げようとします。だから神経が鋭敏になり、ストレスを感じやすくなってしまいます。

不安や心配事が多いとあまり眠れず、寝起き後もしばらくぼーっと過ごしてしまうでしょう。ベッドに入ってからは、なにも考えずに頭をクリアーにすることを心掛けましょう。いつもなにか考えてしまうあなただから、考えないことも必要。そうしないと、なかなか心が休まりません。

心身に過度の負担やストレスがかかると、胃炎や胃かいようになるなど、いろいろと体のバランスを崩しがちです。あなたはタフガールだから、体がSOSの悲鳴をあげるまで、自分のストレスについて軽く考え、酷使してしまいがち。自分の心身をケアすることなく追い込んでしまった結果、円形脱毛症、拒食症、ノイローゼなどを引き起こしてしまうかもしれません。仕事の結果を出せたとしても、これでは元も子もありません。だからこそ、あなたは常にリフレッシュが必要なのです。

ついつい頑張り過ぎてしまうあなたに無理は禁物。オンとオフをきちんと切り替え、仕事の時間とプライベートの時間をきっちり分けましょう！　考えることが多いあなたには、岩盤浴やオイルマッサージ、パーソナルトレーニングなどもオススメです。

たまには、都会の喧騒から離れて温泉でのんびり過ごしたり、ホテルのデトックスプランにトライし、日頃の疲れを洗い流しましょう。

🦉 **フォーチュンスポット** 　ブータン、スウェーデン、オーストリア、岩手、福井、島根

🦉 **フォーチュンフード** 　みそ汁、蕎麦、サバみそ、精進料理、刺身、漬け物

🦉 **フォーチュンアイテム** 　リップ、グロス　歯ブラシなど。つやつやリップがあなたの魅力を高めてくれます！　歯のケアや舌のクリーニングも厄除けになります。輝く歯が幸せを招くでしょう！

🦉 **フォーチュンカラー** 　グリーン、ベージュ

🦉 **ストーリーキーワード** 　気になるワードであなただけの物語を想像しましょう。

知的好奇心　知性　感情　試練　愛　慈愛　バランス　変化　不安　堅実　教える　責任感　学び　柔軟　真面目　教養　思想　学問　研究　学校　女性　ウブ　処女　潔癖　向学心　プラトニック　インスピレーション　友情　社交的　教師　コミュニケーション　おもてなし上手　憧れの女性　女子高出身者　祈り　汚れなき心　白　常識人　優れた理解力　賢さ　先を見通す　人をつなげる　免許　試験　指導者　ミステリアス　紹介　演技　完璧主義者　神経質　マイペース　人見知り　合格　上品　癒し　頑張りすぎ

マインドナンバー **3**

マインドナンバー3の彼は　「大器晩成型タイプ」

流行に詳しく、物知りの彼。博識があり、情報通なので「へぇーすごーい。そうなんだー」「知らなかった！」というリアクションをしてあげると素直に喜びます。いちばん傷つくワードは「知ってるー。有名な話だよね」。この一言でテンションが下がってしまうのです。彼は人に教えたり、情報を伝えることが好き。好奇心も旺盛で、色々なことに興味を示します。人間関係は最初、人見知りをしたり、警戒心を抱くところもありますが、仲良くなると、家族のように大切にしてくれます。仲間意識が強いともいえるでしょう。また、彼に、彼の家族や友達の悪口を言うとあなたのことを心よく思いません。逆に、彼のまわりの人を彼同様に大切すると、あなたの株は上がります。さらに、言葉使いやマナーに気を付けることで、好印象を持たれやすくなるでしょう。意外と彼は、そういうところを密かにチェックしています！　彼が年上の場合は、仲良くなる前からタメ口で話すのは避けた方が賢明。バカっぽい口調を嫌うところがありますから、感じのいい話し方や敬語、相づちなど、会話術を勉強しておきましょう。

mind Number 4 クイーン　　　　　　　Queen

幼い頃から女王様の風格。
感性があり、流行の発信源にも。

威厳に満ちた態度にみんなが平伏します。
あなたはまるで見えない王冠をかぶっているかのよう！　女王様そのものです。
そう、あなたは選ばれし存在。

あなたは、注目の的。発言やファッション、ライフスタイル、あらゆる面に人々が惹き付けられてしまいます！　あなたの愛用品や薦めたものを友人たちも手に入れることもあるのでは？

流感にも敏感で、自らブームの発信源になることもあるでしょう。
生まれながらのリーダー気質で、仕事でもプライベートでも気が付いたら人をリードしていたり、仕切っていたり困っている人がいると手助けをする。そんな頼りがいのある親分肌があなた。面倒見のよさに人々が集まってくるのです！

さらにあなたにはなにか大成功しそうなオーラがあります。まさに、ただ者ではないって感じの。幼少期からその頭角を表していたのではありませんか？　きっと両親や友人、先生なども、あなたの可能性に早くから一目置いていたでしょう。

あなたの素晴らしい感性は宝です。あなたの才能は活かさないともったいないぐらい最高のもの。実際にこのナンバーの人は田舎から夢みて上京しチャンスを掴んでドリームストーリーを手に入れることも多いのです。

たまに自分に自信がなくなるときもあるかもしれません。
妬みや嫉妬からいじわるをされてしまうこともあるかもしれません。
しかし、どんなときも負けてはいけません。
あなたは、女王様なのですから。

性格

存在感たっぷりなあなたは、行きつけの店ですぐに覚えられるし、取引先でもよく名前があがる、なんてことも多いのでは？　良くも悪くもあなたの言動は目立ってしまうので、噂話や悪口には注意が必要です。その場にいただけなのにまるで、発信者のように仕立てられ、それが相手に伝わってしまい「生意気」「態度が悪い」「礼儀がなってない」などと言われてしまいます。影響力があるので、くれぐれも誤解されそうな強過ぎる発言には気を付けましょう。

恩義や忠誠心に厚いので、不義理なことや嘘が大っ嫌い。正義感が強いあなたは、そんな人間を見つけたら徹底的に打ちのめさないと気が済まない、というマフィアのような一面もあります。仲間にすると心強い、敵にすると恐ろしい。それがあなたです！　どんなことにも一直線でぶつかるので、向上心が高く、仕事では成功する人が多いです。熱中できるなにかを見つけることが出来れば、情熱をこめて物事に取り組む姿勢があなたを成功に導くでしょう。

また、大胆でアヴァンギャルドに見えても、意外と保守的な思考もあり、家族を守るためには自らを犠牲に出来るタイプです。そのため、良き母、良き妻、良きビジネスウーマンと、すべての面に意欲的な頑張り屋さんです。

ライフスタイル

パーッと騒ぐのも好きでイベントを企画したり、ホームパーティーでみんなをもてなすあなた。食事会などの交際費や、家で素敵に過ごせるようなインテリアなどに、ケチらずお金をかけます。上質な食器やデザイナー家具など、こだわりのものを揃えるでしょう。ハイセンスなあなたの家は雑誌やドラマのセットにも使われそう。インテリア雑貨、セレクトショップ巡りも好きなあなたの家に欠かせないのは、花。花を飾ることで空間に華やかさがプラスされ、気持ちも高まるでしょう。アート感覚も素晴らしく、お部屋には、ポスター、写真、絵画などがスタイリッシュに飾られているのでは。旅先で出会ったポストカード、お気に入りのお店で見つけたポスターなど、好きなものに囲まれることであなたのセンスにさらに磨きがかかります。

居心地がいい空間を作ることで運勢も強くなります。室内がちらかっていると、不運を招いてしまうので気をつけて！

マインドナンバー **4**

恋愛

愛情表現もストレート。好きな人に好きと伝えないと嫌なタイプ。同性や異性の友達にも大きな愛を持ち、仲間意識が強く、仲がいい人には、まるで家族のように大切に接するでしょう。交友関係も幅広い方で、ボーイフレンドの好みもバラバラ。勉強が出来る優等生やセンス抜群なオシャレさん、気ままなアーティストなど、そのときの気持ちにビビビッとくるパートナーを選ぶでしょう。

あなたが成功を収めている場合は、パートナーの方が稼ぎが少なく、サポート役にまわる主夫のように動いてくれる男性を選んでいるかも。あなたは、仕事と同様に愛し合うことを大切にする人。だから、忙しく動き回るあなたのスケジュールに合わせてくれるような人でなければ関係が長続きしません。お互いがワーカホリックで忙しく動き回る2人だと、淋しくなってしまいます。

もし、起業をする場合は、恋人には近くにいてほしいという考えから、彼に自分の会社を手伝ってもらう傾向に。もしくは、彼がお金持ちであれば、専業主婦をしながら暇つぶしに気軽に始めたビジネスが成功する可能性もあります。あなたが今、ビジネスをしていない状態なら、もったいないです。ビジネスセンスもカリスマ性もテクニックもあるので、パートナーと一緒になにかやってみるのもあり。

あなたはとても母性の強い人。そのため、頼りない男性を守ってあげなきゃ！と思い込んでいたり、頑張っている姿を見ると胸がキュン！とホレっぽい一面もあります。また、押しに弱いところもあるので、熱心に口説かれると、流されてしまうことも。サバサバした男性顔負けのあなたは色っぽい女性的な面も併せ持っているので、そのギャップにコロリとやられてしまう男性も多いです。なので、恋愛偏差値は高め。不倫や年齢差、社内など色々な恋のパターンを経験しそうです。

なかなか恋愛がうまくいかないという場合は、仮面を外す必要がありそうです。デキる女性なので、ついつい強がったり、相手を試してしまいがち。仮面の下の素直な顔を見せることで、あなたの魅力に気付く人が現れるはずですよ。

❤**結婚しそうな年齢**　満年齢で23歳、24歳、25歳、28歳、30歳、31歳、34歳、35歳、38歳、45歳、47歳、48歳、49歳、52歳のとき。

仕事・お金

持ち前の向上心で、どんな仕事に就いてもやる気で乗り越え、成功することが出来るでしょう。もしも現在、仕事への情熱が感じられないのであれば、転職によって生きがいを見つけるか、眠っているガッツを呼び覚ます必要があるようです。

元来、働き者であるため、若いうちの苦労や失敗は買ってでもした方がいいタイプです。若いうちに汗を流さなければ、年を重ねたときに涙を流すことになるかも。苦労をすればするだけ、あなたは大きな幸せを掴むことが出来るでしょう。多少のミスやトラブルにも負けず、成功まで物事をやり遂げることが出来る人です。さらに、持ち前のリーダー気質で年齢を重ねるほど、仕事でも重要なポストに就くことが多いです。夢を叶えるスキルも高く、実際に幼い頃、学生時代に抱いた夢を実現している人も多いのでは。最初は貧乏生活も経験するかもしれませんが、あなたは自分の可能性を信じて疑わないでしょう。

あなたは、いわゆる"持っている"人。すごいタイミングで会いたい人や憧れの人に会えたり、サポートしてくれる人が現れるなど、チャンスを引き寄せる力がすごいです。ただし、キャリアが上がるほど、あなたのオーラや率直な物言いが、威圧的なものになってしまい、部下に恐れられてしまう可能性も大。意識していなくても、キャリア風なスタイルになってしまい、女性らしさが失われ、男性的になってしまうところも。髪の毛先をカールさせたり、Vネックのシャツを着たり、どこか女性らしさを忘れずにいてください。
また、年を重ねるほど、あなたの揺るがない信念が、ガンコ、偏屈、融通が利かないというネガティブな一面にもなりやすいので気を付けてください！

自営業、アーティスト、医者、CA、モデル、リポーター、アナウンサーなど華やかな業種、接客業や販売業、営業なども適職です。面倒見のいいあなたは人と関わる仕事、人のためになる仕事が向いています。自営業の場合はビジネスパートナーやスタッフにマインドナンバー5の人がいると、大成功を収める可能性が高くなります。

金銭面は、締めるところは締めて、使うところはしっかり使うタイプ。株や投資などの資産運用に興味があるでしょう。その場合は無理せず、身の丈にあったスケールで行いましょう。

マインドナンバー **4**

健康・体質

胃や腸に気を付けましょう。食べ過ぎ、飲み過ぎ、疲労などが原因で、胃を悪くしやすいのでご注意を。どちらかというと太りやすい体質なのでウエイトコントロールが必要です。むくみやすいタイプでもあるので、前日に飲み過ぎてしまうと顔がパンパンになったり、立ち仕事で足が痛くなるほど、むくんでしまいます。自分でリンパマッサージを覚えて、入浴のときや寝る前にセルフケアをしましょう。

また、美食家なので食べることでストレスを解消しようとする傾向があります。カロリーの高い物や糖分の多い物を食べ過ぎたり、お酒を飲むことが習慣になると、糖尿病、痛風、肝障害などを引き起こす恐れがあります。栄養のバランスに気を付け、野菜を食べるように心掛け、お酒を飲み過ぎないことが大切です。

不規則な生活にも気を付けましょう。夜遊びが好きだったり、飲み会で盛り上がるのも嫌いではない方だから、つい深夜まで遊んでしまうことも。また、仕事に集中してしまうと休憩もとらずに黙々と専念するので、睡眠時間が短くなってしまいます。休日はスパでのんびり癒されたり、ダイエットやデトックス効果もあるファスティングを取り入れたりして、健康的に過ごして。

あなたは日頃から周囲に頼られたり、みんなを引っぱっていくリーダータイプ。だから、息抜きをきちんとしないと、一気にイライラが爆発してヒステリックになってしまう面があります。あなたの情熱に周囲がついていけず、職場で温度差を感じてしまうとテンションが下がってしまいます。

やりがいを失くし、心がポキッと折れてしまうと、自暴自棄になってしまう傾向があります。それぐらい、いつもギリギリまで自分を追い込み、ストイックな姿勢で仕事に取り組んでしまいがち。だからこそ、大きな仕事をやり遂げた後には常に大きなご褒美を自分に贈るなど、心のバランスを保ちましょう。思いきって休暇を取り、リフレッシュすることが、さらにあなたを刺激し、学びを与えてくれるでしょう。

マインドナンバー **4**

- **フォーチュンスポット**　フランス、トルコ、パラオ、伊豆、静岡、山梨、石川

- **フォーチュンフード**　パンケーキ、モッツァレラチーズ、生ハム、シチュー、ラーメン

- **フォーチュンアイテム**　ブラ、ショーツ、スリップなど、上質の下着があなたを導いてくれます。素材やデザインにこだわったものをチョイスして。輝くボディーに仕上げるためにボディークリームも忘れずに。

- **フォーチュンカラー**　グレー、レッド

- **ストーリーキーワード**　気になるワードであなただけの物語を想像しましょう。

実り 出産 子育て 安心 困難 知恵 乗り切る エネルギー 海外 玉の輿 嫉妬 家庭的 豊かさ 思いやり 成功 派手 情熱 やる気 行動力 留学 明るい 真実 欲 内なるパワー 愛情 トキメキ 子供 食事 華やか 平和 魅力 権力 カリスマ 楽しい 楽観的 幸福感 センシティブ 情報 知識 好奇心 負けず嫌い 憧れ 本物 上質 高級 セレブ 熱心 アート ダンス 音楽 オンリーワン 親切 王子様 プリンセス 愛 結ばれる 惹かれ合う 1度きり デート 出会い ワイン 必要 ボランティア やりがい 夢

マインドナンバー**4**

マインドナンバー4の彼は 「仕事も家庭も大切にするタイプ」

このナンバーの彼は仕事も好きだけど、仕事だけの人生ではつまらないと考えるタイプ。プライベートや恋愛も大切にします。起業している人も多く、出世欲も強い方です。仕事やお金、地位や名誉を好み成功を収めます。美容室、カフェ、セレクトショップ、ブーランジェリー、スイーツショップなど、女性をターゲットにした仕事に就くといいでしょう。彼は、女心のツボも心得ています。だから、あなたを喜ばせるようなデートプランも用意してくれるかもしれません。そんな彼にあなたもメロメロに。しかし、モテる彼にあなたは心配で仕方がありません。なお、彼はちょっとした気遣いが出来る人を好みます。彼自身が細やかな気配りが出来る優しい人なので、あなたも彼や周囲の人にさりげなく気を配ると一目置かれることも。礼儀も重んじるので、彼に親切にされたら、笑顔で「ありがとう」と感謝の気持ちを伝えましょう。もしごちそうになったら、お礼のメールと、次回会ったときには、ちょっとしたお菓子などをお返ししましょう。そんなあなたを彼はもっともっと幸せにしたいと思ってくれるはずです！

5 キング King

夢を叶える知性と精神性を兼ね備えた、無敵キャラ。

あなたは、近寄ってきたかと思うとわずらわしそうに去っていく、そんな気まぐれな猫のよう。恋人に依存するのではなく、むしろパートナーの方があなたに夢中になり人生を捧げるでしょう。
だから、奥さんや彼女がいる人から彼を奪った経験もあるのでは？
それほど男性を骨抜きにする魅力をあなたは持っています。

性格もストレートで恋も仕事も一直線。好き嫌いもはっきりしています。
嫌いな人には、決して自ら近寄ることはないでしょう。おべっかを使ったり、ゴマをするのは苦手。人間関係に悩むと体調や運気が乱れやすくなる傾向が。

あなたは無理をしてまで、苦手な人とは関わらなくてもいいと思っているでしょう。
反対に、好きな人には心を許し全幅の信頼を寄せるでしょう。
また、あなたは目立つ存在でもあるので、犬派と猫派に分かれるように、人気が二分されてしまうかもしれません。でも、それはあなたも理解しているはずです。
「みんなに好かれるなんて所詮無理！わたしはわたし」と。
そんな強さがあなたの最大の魅力です。

あなたは、納得できなければどんなことにも従いたくありません。例え上司の命令でも、自分の意見を通すことが出来るでしょう。好きなこと、可能性を感じるものにはブレーキがかかりません。どんな手を使ってでも夢を叶えるまで諦めません。
そのために必要な能力、知力、精神力を兼ね備えています。

そんなあなたは、チームプレーよりもスタンドプレー派。もしくは司令塔となって周囲を従える方が向いています。いわゆるワンマンタイプ。
恋も仕事もあなたの方が主導権を握っているでしょう。
あなたはポジションや成功、お金を手に入れていきます。
あなたの辞書に不可能という文字はありません。

性格

あなたは見た目が女性的でも、性格は男性的でさっぱりしているでしょう。ネチネチした女性特有な人間関係も苦手。女の子同士で群れて陰で悪口を言ったりはしないでしょう。初めから嫌いな人とは仲良くしないし、陰で悪口を言うといった卑怯なことを嫌います。なにか納得がいかないことがあれば本人に直接、伝えるでしょう。

あなたは、よくも悪くも自分を持っている人。それだけ、性格がはっきりしています。誰かがあなたを裏切ると、一生許すことはありません。納得できないことには首をタテにふりません。ただ、強い意志を貫く傾向があるので、好きで好きで仕方のない人に出会うと、周囲からストップがかかっても、自分の気持ちに忠実に進めるでしょう。

どんなことも周囲の意見より、あなたは自分の心に耳を傾けるタイプです。だから、悩んだり、困ったときでも周囲の声に左右されることはなく、自分自身で答えを導き決断が出来ます。そうすることで、幸運やチャンスを手に入れるでしょう。

ライフスタイル

これまで色々な困難に立ち向かってきたはずです。周りに弱音を吐くことなく、無敵キャラで。負けず嫌いで一度決めたことは、実現しようと努力を惜しみません。プライドも高く、自信家です。そんな勝ち気なところが他の人にはないあなただけの魅力。さらに面倒見がいいところもあり、困った人がいると助けてあげたくなります。だからあなたを頼りにしている人も多いでしょう。

頭脳明晰でアドバイスも的確。まるで国を統治している王様のようなあなたは、次から次へと欲しいものを手に入れることが出来るでしょう。もし、望むものをまだ手に入れていない場合は、周囲にいる人々の言葉に耳を傾け過ぎてしまい、あなたらしさやあなたの才能が失われてしまっているのかもしれません。

夢や目標が定まってない場合、進むべき道を見失ってしまい、自分自身がどうしていいかわからなくなってしまいます。だから、いつでも自分のやりたいこと、進むべき道を明確にしておかなければいけません。あなたらしくいることがどんなときでも大切です。そうすることで着実に夢を叶えていくことが出来るでしょう。

マインドナンバー **5**

恋愛

マインドナンバー5の女性は、魅力的な人が多いのが特徴です。異性から口説かれることも多いでしょう。しかし、あなたは容易に心を許すことはないはずです。いくらしつこく口説かれてもあなた自身が彼のことを好きにならなければ関係は発展することはありません。このマインドナンバーの人は、仕事が出来るキャリアウーマンタイプが多く、みんなの憧れの存在。だから、男性関係が華やかに見えますが、意外と男性経験が少ない方です。きっと、好きでもない人と付き合うぐらいなら仕事を優先して働きたいからだと思います。「変な人と付き合う時間なんてないわ」と、想いを寄せる男性をスルーしたことはありませんか？　また、スマートでない人、お金があるのにケチな人も嫌います。会話が楽しめない相手も、テンションが下がるでしょう。

しかし、心を許した相手には、良い関係が続くよう努力します。そのため、付き合いがスタートすると何年も関係が続きます。強烈なインパクトがある人に弱い面もあり根っからの遊び人、まるでモデルのようなイケメン、天才肌のアーティスト、経営者のセレブ男など、あなたの好みはバラエティに富み、個性的。普通の男性には魅力を感じません。あなた自身がカリスマ性と成功を手に入れる人だから、なにか「おっ！」と注目するような個性がないと、恋のセンサーが起動しないからです。

結婚後も仕事を続けた方が、才能と運勢を無駄にせずにすみます。もし、ご主人にお金の余裕があれば、無理しない程度にあなたの貯金と合わせて起業してみるのもあり。

だからといって仕事に走り過ぎると、ご主人と子供が淋しい思いをしてしまいますから、家族とのスキンシップはこまめにとりましょう。就寝前にベッドで横になって、子供に本を読んであげたり、学校での話を聞いてあげたり。ご主人とも2人の時間を作り、のんびりと夫婦の時間を過ごせるように工夫しましょう。そうすることで、あなたは愛に家庭に仕事に成功します。

❤ **結婚しそうな年齢**　満年齢で24歳、26歳、29歳、31歳、33歳、35歳、36歳、39歳、45歳、47歳、49歳のとき。

仕事・お金

好奇心旺盛でクリエイティヴなあなたは、芸能、ファッション、マスコミ関係など、華やかなブームを作るような仕事のほか、カフェオーナーなどの飲食経営、趣味から始めたハンドメイドショップ、株トレーダーなど、自営業にも向いています。

あなたは自分の得意分野で活躍できる人。さらに、マンネリを嫌うので変化のある職場がいいでしょう。ルーティンワークや雑用処理などあなたが興味ない仕事は苦痛で仕方がないはず。お金に縁があるので銀行などの金融機関、公認会計士、税理士も向いています。高学歴な人も多いので、弁護士や医師、教授などもいいでしょう。

仕事の話になると厳しい人格に変身します。ときにそのようなストイックなスタイルが人を遠ざけたり、敵を作って窮地に追いやられる原因となってしまいます。あなたのカリスマ性を妬み、嫉妬を抱いている人も少なくないでしょう。特に若かったり、まだキャリアを積んでいない頃は、嫉妬の対象となり、先輩や上司から邪魔されて仕事の面や人間関係で苦労をするかもしれません。しかし、そのことに気付いていても仕方がないと割りきっているばずです。そんなタフな精神と負けん気の強さがあなたを成功へと導いてくれますから。

マインドナンバー **5**

素直な性格のため、お世辞にも弱い一面があり、おだてられると素直に喜ぶタイプ。太っ腹なところもあります。思いきりの良さと高い判断力、行動力を兼ね備えているから、独立起業も向いています。しかし、お金を手にしたあなたは、欲しいものだらけで、収入が増えれば増えるほど物欲、浪費癖が悪化してしまう可能性が……。大きな買い物をするときは、お金に強い人に相談し、賢く買い物をしましょう。

不動産運もあるので、女性のあなたでもマイホームやセカンドハウスなどを手に入れる可能性もあります。ブランド品や高級志向も強いため、稼ぐことより使うことが楽しくなってしまいます。せっかくチャンスを掴んで大成功しても、経営破たんを招いてしまわないように経理に強い人材確保が重要になってきます。会社のお金を自分のお金のように使うとすべてを失いかねません。しかし、その金銭面の計画さえしっかり出来れば、経営者としての手腕を発揮するでしょう。

健康・体質

基本的に体力はあります。肉体的にハードな生活を続けても体調は大丈夫でしょう。だからといって健康への過信はダメ。ハードスケジュールの仕事や遊びを難なくこなしてしまうからといって、偏った食生活やお酒やタバコなど、不摂生なことばかり続けていると体調を壊してしまいます。ほどほどにしましょう。

冷たい飲み物に弱く、冷え過ぎた環境も苦手。甲殻類アレルギーや蕎麦アレルギーなどといったフードアレルギーもあるかもしれません。アレルギーには、体に反応が出ない場合もあります。知らず知らずにアレルギーに加担する食べ物を摂取していると疲れやすくなったり、頭痛も患うなど、不調を引き起こしているかもしれません。アレルギーについて詳しく調べるには、遅延型アレルギーの血液検査がオススメです。

あなたは、成功を掴みとる人なので、なんといっても体が資本です。病気になる前に予防することを意識しましょう。心筋梗塞、狭心症などの心臓に関する病気、高血圧動脈瘤などの成人病などに注意が必要。日頃から筋トレやウォーキングといった運動を心掛け、カロリーやコレステロールを抑えた食事をとること、睡眠を十分にとることが大切です。

また、あなたはカフェイン中毒に陥りやすいので気を付けて。カフェインはコーヒーだけでなく、日本茶や紅茶、コーラ、チョコレートなどにも含まれています。カフェインを含むフード、ドリンクはアルコールなどに比べて害のあるものと認識されにくく、自分でも過剰摂取していることに気が付かない場合も。だからこそ、気が付かないうちにカフェイン中毒になってしまうことがあります。

1日に4杯以上コーヒーを飲んでいる人はちょっと飲む量を減らした方がいいかもしれません。カフェイン中毒に陥ると、頭痛やテンションのアップダウンを引き起こすことも。気分にムラが生じてしまうと、仕事の効率が落ちてしまいます。あなたがもし、万年頭痛持ちだったり、ちょっとしたことでイライラしたり、興奮しやすかったり、不安になることが多いなら、カフェインの多量摂取が影響を及ぼしているかもしれません。その場合はカフェインレスのコーヒー「デカフェ」を取り入れたり、ノンカフェインのお茶を選びましょう！

🦎 **フォーチュンスポット**　タイ、シンガポール、ラスベガス、韓国、大阪、東京、群馬

🦎 **フォーチュンフード**　焼き肉、ステーキ、ラーメン、餃子、ハンバーガー、チョコレート

🦎 **フォーチュンアイテム**　ウエストまわりに幸福が宿ります。ウエストラインがわかるような服装やベルトを必ずコーデに取り入れましょう。お腹のぜい肉は腹筋で解消を！

🦎 **フォーチュンカラー**　ネイビー、ゴールド

🦎 **ストーリーキーワード**　気になるワードであなただけの物語を想像しましょう。
意志　支配力　権力　地位　名誉　達成　統括力　責任感　上昇志向　欲求　意欲　タフ　実行力　リーダー　態度　管理　規律　父親　厳格　独立　自立　尊敬　出世　頑固　援助者　強気　独占　グループの中心　つるまない　男性ぽい　サバサバ　野心　権威　社長　ボス　繊細　高潔　忠実　成績　優秀　実現　ドライ　知的　海外　語学　留学　企画　プロデュース　ガイド　引き寄せ力　読書　映画　権力者　玉の輿　音楽　アート　インテリア　優秀　文章

マインドナンバー5

マインドナンバー5の彼は　「俺についてこいタイプ」

9つのマインドナンバーの中で一番、男らしく、頼りがいのある彼です！　仕事もバリバリこなす彼はあなたにとって自慢の男性でしょう。そんな彼は、お金にも縁があり、ステータスを手に入れる運を持っています。だからこそ、彼を狙っている女性も多いはず。例え、見た目がイケてなくても将来有望ですから。プライドが高い彼が嫌うのは、バカにされること。冗談でも彼のことをバカにしたり、みんなの前で笑い者にしてはいけません。彼の前で別の男の子のお話も絶対に厳禁です！　元カレのこともウッカリ話さないようにしましょう。「前の彼氏は〇〇だったのに」などと口が滑った日には、カミナリが落ちるか、スネて連絡が取れなくなるなど、とっても面倒くさいことになる恐れが。絶対的な王者の彼は、怒らせると怖いので、付き合うには、立てて三歩下がって歩くような女性を目指してください。その部分だけ気を付ければ、とてもわかりやすく扱いやすいタイプです。気前もいいし、ロマンティックだし、頼りがいもあるし。女性の涙や悩んでいる女の子をほっとけないので、彼と仲良くなりたいのなら、相談に乗ってもらうのもいいでしょう。

mind Number 6 メッセンジャー　*Messenger*

愛情深く、おもてなし好き
義理人情にも厚い人。

自分の知識や経験、出来る限りのことを尽くし相手の喜ぶ顔を見ることがなによりの喜び。学ぶことも、教えることも好きなあなたは、その道を極めたマスターとなるでしょう。そんなあなたは、自分の考えや思いを周囲に伝えることが役目です。
仕切るのも上手で司会進行の役を任されることも多いのでは？

あなたは人を疑うことなどしません。
親しみやすく、初対面でもすぐに仲良くなれる人。
さらに気が合う人なら、次の約束まで取り付けるほどすんなり相手の心に入り込むことが出来るでしょう。

あなたは、とても親切で、よこしまな気持ちがありません。
ときには、その親切心を利用する悪知恵を持った人がやってくるかも。
でも、「助けて」と懇願されると、強く「NO」と言えません。
あなたは、仁義を重んじ義理人情に厚い人。
誰かを騙したり、そそのかすようなことは決してしません。

少々完璧主義で潔癖性の一面もあります。だから、ときとして恋人や周囲にルールを押し付けてしまい、周囲が息苦しくなってしまうことも。
自分を必要としてくれることが喜びでもあるので忙しくても断りきれず、無理をしてでも協力をするでしょう。

そんな風に、いつもいつも周囲のこと、家族のことを優先しているとキツくなってしまいます。たまには、周囲のことを気にせずにあなたらしく好き勝手に過ごすことも大切ですよ！

性格

好奇心旺盛で興味があることを納得いくまで追求するタイプです。そのため、気が付くとその道を極め、プロフェッショナルになっていたことはありませんか？ 例えば生け花を習ったことで華道の師範になったり、ハーブに興味を持ったことからアロマセラピーの先生になっていたとか。

あなたは大器晩成型で、年を重ねるごとに魅力的に素敵に輝ける人です。しかし、ときとして周囲の人々が次々と夢を手にすると羨ましく思うことがあるかも。そんなときは心配しないで。あなたはスロースターターで、少しばかり物事がカタチになっていくのがゆっくりなだけです。

あなたは頭の回転が早く、コミュニケーション能力が高いです。聞き役にも話し役にもなれます。でも、お酒を飲み過ぎてしまうと失態を招きやすい傾向に。
酔っぱらうとつい一言多くなったり、気が大きくなって暴言を吐いてしまったり……。もし、心当たりがあるのなら、信用を失う前に気を付けましょう。

ライフスタイル

あなたはとてもエレガントで清楚なイメージ。周囲からどう見られるか気にする方です。だからこそ、いつも身なりをきちんとしているはずです。時代遅れにならないように流行のアイテムを取り入れ、着心地の良い上質な生地で作られたものやシルエットがきれいなものを選ぶでしょう。空間へのこだわりも強く、お家の中はお気に入りの家具やインテリアなどで囲まれているはず。ストレスフルなあなたは観葉植物を置くと、乱れた気を整えてくれます。さらに寝室や寝具にこだわるとあなたの運気アップにつながります。こまめにベッドシーツやカバーを洗濯し、クリーンな状態をキープして。ペットにも縁があり、ワンちゃんやネコちゃんと一緒に暮らしていませんか？ あなたはとっても愛情深い人だから、大切に育てることが出来ます。

マインドナンバー **6**

恋愛

あなたは恋愛に淡白なところがあります。興味がないわけではないのに、きちんとしたお付き合いをスタートさせた年齢も遅い方ではありませんか？ なぜなら、あなたは恋のきっかけに"疎い"ところがあります。相手があなたのことを想っていても、はっきり口に出して言ってもらわないと気が付かないタイプ。同窓会で「実は、昔、好きでした」とか過去形で思いを伝えられたこともあったのでは？

「人生において恋がなきゃ生きていけない」という恋愛体質の女性がいれば、あなたはその逆。不器用、真面目なので、仕事や学ぶことを優先してしまい、恋愛が遠のく場合があります。だからこそ、恋愛を諦めたり、どうでもいいって思わないようにしてください。さらに自分からアプローチするのは苦手。シャイなので、頑張ってアピールしても、彼は「好意を持ってくれているのかな？」ぐらいにしか、あなたの気持ちを感じとれていないかもしれません。アピールするときは、やり過ぎたかなって思うぐらい、積極的に彼にモーションをかけても大丈夫ですよ。

あなたは、世話好きでおもてなし上手。気になる男性は、家に招いて手料理をふるまうと自然な雰囲気で関係が発展するでしょう。

カップルの場合はセックスレスになりやすいかもしれません。あなたは手抜きのセックス、パートナーだけが勝手に盛り上がるような行為が嫌い。彼から誘われても断ることが増えてしまい、彼も誘いにくい状態になってしまうかもしれません。

あるいは、エクスタシーを感じたくても恥じらってしまい、本能のおもむくままにセックスを楽しめないかもしれません。それは「いつもきちんとしていないと」「みっともない姿は見せられない」という固定観念にとらわれているのが理由かも。ときには変化球を投げてみてはいかがでしょう？ あなたは、セックスで最高のエクスタシーを感じることが出来れば女性として開花するはずです。

♥**結婚しそうな年齢** 満年齢で25歳、26歳、27歳、29歳、30歳、32歳、33歳 34歳、36歳、40歳、42歳、43歳、47歳、49歳、50歳、51歳、52歳、53歳、54歳 55歳のとき。

マインドナンバー 6

仕事・お金

あなたはスタンドプレイよりファインプレー派。あなた自身が前に出て目立つより、サポート役にまわる方を好みます。経験、実績を積んで、自信を持つことが出来ます。先生や先輩に可愛がられる優等生的な素質を生まれながら持っています。こっそりと手抜きするような「ちゃっかりさん」なところもありますが、例えバレたとしても、見逃してもらえる要領の良さをもっています。

そんなあなたは一匹狼のように過ごすより、組織の中でこそ力を発揮することが出来ます。起業しても、たくさんの人と関わり、事業をスタートさせるでしょう。理数系文系の両方に適性があり、さまざまな業種に向いています。医療関係、研究開発などの分野、文筆、出版関係、学問、教育関係は特に向いています。計数能力、企画力、分析力、整理能力、言葉による表現力に優れ、ビジネス全般で活躍できるでしょう。農業の分野にも適性がありますが、きつい肉体労働はやや不向きなので、品種改良などの技術者として関わる方が向いているかもしれません。

また、妥協を許さない厳しさを持つため、職場内の人間関係に苦労することがあるかもしれません。他人の欠点が見え過ぎてしまうときがあるのでは？　あなたは、周囲より気が利き、優れているのだから仕方がありません。出来が悪い上司、後輩をフォローしてあげましょう。

金銭面は堅実で、将来を考えて貯蓄に励み、保険にも入って、生活の安定を最優先させます。住まいは賃貸より購入派です。

買い物は、計画的で、電化製品や車など、高い物を買うときは、下調べをきちんとするでしょう。しかし、なにかのきっかけで財布の紐が緩むと一気に買い物スイッチが入り、浪費傾向に。単に安いものを選ぶのではなく、好きなもの、いいものを選ぶところがあります。だからと言って高ければいいという価値観ではなく、物の価値を理解した上でお金を払うタイプです。責任感が強く、管理能力にすぐれているため、他人のお金や公的なお金も、安心して任せてもらえます。それぐらいあなたはお金にクリーンなのです。

健康・体質

体は、あまり丈夫な方ではありません。あなたは、気を使いやすいタイプなのでストレスや疲労が蓄積され、病気を招いてしまいます。特に季節の変わり目は、風邪を引きやすかったり、精神が落ち込みやすくなるかもしれません。

ハードワークになり過ぎると、胃、腸、肝臓に症状が出やすいので気を付けてください。原因不明の謎の湿疹があらわれたり、皮膚がぼろぼろになったり、口まわりに吹き出物も。それは、タフなあなたに体からのSOSのメッセージです。そんなときは薬よりも、まずは睡眠、リラクゼーション、ストレス解消が必要です。

家の外でも内でも、神経をとがらせやすいため、神経性の病気にも注意が必要です。他人の言動が気になって、考え過ぎてしまう面があります。

あなたは家族のこと、両親のこと、将来のこと、仕事のことなど、あらゆることを考えるので頭の中がいっぱいになります。責任感が強いので、これからの日本の環境や政治、世界の動きなども気になるでしょう。そのため、意識して神経を休めるアイデアを取り入れ、あなたなりのストレス解消方法を見つけることが大切です。

自然の中を散歩したり、動物に親しむなど、1人で出来る趣味を持つといいでしょう。なぜなら、誰かと一緒だと、そこで相手に気を使ってしまうからです。よって、ストレス解消のつもりで趣味の時間を持ったとしても、そのストレスは消えることはないでしょう。だから、本当に心から癒されるにはグループで行う趣味ではなく、単独で出来るものを見つけてください。

ふらっと出かける1人旅や気分転換にちょっといいホテルに泊まると、非日常が楽しめるし、日頃の疲れから解放され、オススメです。

健康をキープするには、1日のスケジュールも朝から晩までパンパンに詰めるより、余裕をもって予定を組むのがいいでしょう。また、仕事に追い込まれ、いっぱいいっぱいになってしまうので、スケジュールのダイエット化がオススメ。テレビやラジオだけでなく、ときには携帯もパソコンも使用しない日を作ってもいいかもしれません。休息日、ストレス解放デーがあなたには必要です。

🍬 **フォーチュンスポット**　インド、カナダ、ニュージーランド、ドイツ、新潟、京都、宮崎

🍬 **フォーチュンフード**　野菜スティック、スムージー、うどん、もずく酢、おひたし、クスクス、オーガニックフード

🍬 **フォーチュンアイテム**　パールのアクセサリーやコットン、シルクなど肌触りがいいもの。肌見せファッションより、露出控えめの上品なコーデの方がお似合い。

🍬 **フォーチュンカラー**　グレー、ブラック

🍬 **ストーリーキーワード**　気になるワードであなただけの物語を想像しましょう。

師匠　研究者　慈悲　尊敬　人に教える　支援　アドバイス　お世話する　手伝う　謙虚　鍛練　伝える　スピリチュアル　興味　ハーブ　アロマ　オイル　ボランティア活動　チャリティ　ハンドメイド　年上　理解者　恩師　信用　絆　導き　上司　誠実　結婚　見合い　価値観　一般的　王道　ノーマル　凝り固まった頭　解放　頭痛　知識欲　安心　教職者　追求　学習　信頼　縁結び　一目置かれる　幸せ　愛情　精神　癒し　ヒーリング　物静か　悟り　繊細　先生　巨匠　平和　マイペース　整理　頭脳明晰　テクニック

マインドナンバー **6**

マインドナンバー6の彼は　「責任感が強いリーダータイプ」

彼はやや神経質で潔癖な面があります。こだわりも強く、多くのマイルールを持っているかもしれません。見た目が派手であっても根本は、まじめ。礼儀やマナーを気にします。本来は、年齢を重ねるごとにシンプルな生活を好みます。彼とのデートのときは「きちんと感」をしっかり守れば、とりあえず合格です。服装も露出が多いものより清潔感があるものをチョイスしましょう。また、彼の前では、お酒を飲み過ぎないように気を付けて。羽目を外して、馬鹿騒ぎするような女性を軽蔑するからです。女友達と一緒にワイワイ飲んでも、本命の彼女には酒乱の女性はまず選びません。彼の前では「清く、正しく、美しく」を心掛けて。なお、シャイなところがある彼は、人見知りをすることも。体の結びつきより心の結びつきを大切にします。彼とは、時間をかけて2人の距離を縮めましょう。警戒心も強いので土足で人の心にズカズカ入ってくるような女性には予防線を張ってしまいます。もし、彼があなたにプライベートなことを自分から話し始めたら、あなたに心を開いている証拠です。

ラバー *Lover*

7 恋が人生の原動力になる恋愛至上主義者。

あなたは、ズバリ愛に生きるロマンティスト！
あなたにとって恋愛や愛情は人生において切り離せないほど、重要なもの。
1から9までのマインドナンバーの中で一番
いい恋愛をすることで、いい人生を歩める人です。

恋をしていないと自分らしくないし、やる気も出ないのでは？
例え片思いでも、彼のことを考え、ドキドキしたり
切なくなったり、キュンキュンしていたい人です。

一目ボレや運命を信じ、遠距離恋愛中の相手に会いたい一心で
新幹線に飛び乗ることも。
そして、ときには妻子ある男性との秘密の愛に溺れることさえも。
ダメだと思うほど、あなたの恋心は燃え上がるのです！

とにかく、恋愛はあなたの人生において、必要不可欠。
恋することでどんどん魅力が増し、輝きを放つでしょう。
恋しているときのあなたは周囲を惹き付け、声もかかりやすくなるのです。
そうでない場合は、一気にテンションが下がって毎日に気合いが入りません。

恋愛をすることで、底知れぬパワーを発揮し、恋が上手くいくと、仕事でも最高のパフォーマンスを見せます。
そんなあなたは恋愛によって人生が大きく変化する人。

しかし、彼の存在は何よりも大切だから、恋愛によって身を滅してしまう面も。

つまり、パートナー次第であなたの人生は変わるのです。

性格

1～9のマインドナンバーの中で恋愛体質No.1。オーラも自信も運勢も、恋をしているときと恋をしていないときでは全く違います。恋をしているときのあなたは、どんな過酷な環境でも乗り越えるエネルギーがあります。例え忙しくても時間を上手くやりくりして、2人の時間を大切にするでしょう。反対に、彼がいないと「心ここに有らず」の状態に。小さなミスや物忘れをしてしまうでしょう。

そもそもあなたはとても愛情深く、大切な人には愛情を惜しむことなく与える人。でもその反面、相手が要求に応えてくれないと、不安になるでしょう。そのツラさを避けるために、現実逃避をしてしまうかもしれません。繊細な心の持ち主であり、フラれることが怖く、孤独を恐れる寂しがり屋の一方、相手を遠ざけてしまうような矛盾した心の持ち主でもあります。

ライフスタイル

恋愛を中心にしてあなたの世界が作られていきます。恋に焦がれるあまり、依存心もちょっぴり強め。常に一緒にいられるからといって、働いていない男性や束縛する男性に引っかかったり、簡単に手に入らない恋にハマってしまうことも。そんな恋は、泥沼状態に発展する可能性もあるので気を付けて。

彼のカラーに染まることも嫌いではないため、恋をするたびに服装やテイストが変わり、彼好みに変化するところがあります。恋人との会話を盛り上げるため、彼の趣味や興味があることを学ぼうとします。ときには、彼と同じ趣味を始めたり、デートにも彼の好きなことを取り入れるでしょう。こうして、好きになった男性の数だけあなたは知識や経験が増え、人生が豊かになります。

彼があなたの思うまま、望むままに動いてくれない場合は、淋しさから彼に素っ気なくしたり、気持ちを試すために別れをほのめかすような言動をとってしまうことも。

また、彼の言動があなたのシナリオに沿っていないと苛立つこともあります。恋人がいつまで経ってもプロポーズをしてくれないようだったら、積極的に結婚に向けて周りを固めていくでしょう。あなたは欲しいものを必ず手に入れなければ気がすみませんから。

マインドナンバー **7**

恋愛

恋に落ちやすいあなた。見事、その恋を成就することが出来れば、一気に世界はバラ色。みんなにノロケ話を披露したくてウズウズしてしまうでしょう。例え社内恋愛であっても、周囲にはバレバレで、あなたのラブ光線は隠すことが出来ません！　あえて職場でこっそり手をつなぐような、スリリングなふれあいを楽しみたがるタイプです。また、良くも悪くも恋人を優先し、彼が出来た途端、友達付き合いが悪くなるのもこのナンバーの特徴。ノロケ話や女子会に恋人を連れて来るなど、周囲が呆れるバカップルぶりを披露してしまうかもしれません。

悪気なく恋人に「前の彼はこうだったの……」と元彼のことをポロッと口にしてしまうところもあります。あなたは素直だから、つい周囲にも恋人にも思ったことを伝えてしまうのです。女友達に恋話をし過ぎると、やっかみも含め、あなたの恋愛を女子会のネタにされてしまう恐れが。そこから話に尾ひれが付いた噂が広まり、遊び人のレッテルを貼られたり、軽い女だと思われてしまうこともあるので気を付けて。

女友達に彼の話をするときは、あなたが一方的に弾丸トークをしていないか気を付けましょう！　友達の話もきちんと聞いてあげて、バランスよく会話を楽しんで。シングルの友人に説教をしたり、勝ち組のように上から目線で話すと、離れていく友達も出てくるかもしれませんよ。最近、付き合いが悪い女友達がいたら、あなたばかりが恋話をして1人で盛り上がっていなかったかどうか思い出してみて。

このマインドナンバーの人は色っぽい人が多いので、例え恋人や夫がいてもモーションをかけてくる男性がいるでしょう。そのため、うっかり不倫や浮気をしてしまうことも！！　惚れっぽい性格と寂しがり屋の一面があるので、それほど好きでなくても求めに応じてしまうことも……。また、会ったその日に関係を持ってしまうノリの良さもあります。でも、後悔することはありません。あなたは誰かに愛され、あなた自身もその愛を味わい尽くすことで明日の活力になるのですから。人生を、恋を、思いっきり楽しみましょう！

マインドナンバー **7**

❤**結婚しそうな年齢**　満年齢で23歳、24歳、26歳、27歳、28歳、30歳、31歳34歳、37歳、38歳、41歳、48歳、50歳、51歳、52歳のとき。

仕事・お金

周囲の前で激しく怒ったり、醜い姿を見せたくないので、内心ではハラワタが煮えくり返っていても、適当に調子を合わせることが出来ます。そんな人当りのよさは職場のなかでも、交渉や接待などの対外的な場面にプラスに働きます。

愛情深いので、人を手助けするような仕事、保育士、看護師、弁護士といった職業にも向いているし、モデルやCA、ファッション関係、美容、芸術関係、水商売など、華やかな仕事も合います。ただし、男女ともにモテる人が多く、さらに少し思わせぶりな態度が相手をその気にさせてしまい、職場や仕事関係の人と親密になってしまうことも。既婚者の上司や後輩から言い寄られ体の関係に……ってことがあるかも。しかし、独占欲が強めなあなたは、二股や危険な関係を長期にわたり、続けていくことは精神衛生上、耐えられません。

もし、転職を考えているなら、アートやデザイン、インテリアの美的センスも優れているので、セレクトショップやアパレル関係、販売員や広報などもオススメです。フラワーやアロマオイル、カフェ、下着など女性が好きなアイテムは、どれもあなたを上げてくれるキーワード。

人当りの良さは接客業や営業にも向いています。オリジナリティを求められない単純作業の繰り返しや緻密な作業、激しい肉体労働などは合いません。適した仕事に出合わない限り、転職を繰り返したり、仕事の愚痴がなくなることがありません。
また、パートナーによって運勢が左右されるところがあります。向上心が強い彼と結婚すると、一緒にビジネスを立ち上げることになるかもしれないし、彼が転勤族なら国内外の赴任先を転々とすることになるでしょう。それほど、あなたの人生はパートナーによって影響されます。

金銭面では、お金に対する執着はないのですが、お金のない生活に対する恐怖が強いでしょう。欲しいものや楽しい時間、自分のための出費は惜しみませんが、貯金額が減っていくと焦り始めます。ただし、過度な節約やケチることは恥ずかしいことと思っているので、なかなかお金は貯まらないでしょう。家計簿を付けることも苦手です。将来のために、簡単にお金を下ろせない定額貯金をするなど工夫して、貯蓄習慣をつけましょう！

マインドナンバー **7**

健康・体質

持久力に乏しく、無理のきかない体質で、うっかり風邪を引いてしまいやすいタイプ。仕事が忙しすぎると、熱を出すことも。おまけに、激しい運動やストイックな食事制限など向いていません。食べたいときに好きな食べ物を食べる、ストレッチやウォーキングなどを無理なく続けることで、健康でいられるでしょう。

仕事が立て込んで疲れが溜まったら、家でゴロゴロしているのが1番で、なるべくこまめに疲労をとることが必要です。また、外見ではわからなくても神経が繊細なのが特徴。休養するなら、他人に気を遣わないですむ自宅が最も癒しの空間です。

しかし、恋煩いのときに、家でじっとしていたらモンモンとした気持ちが高まり、いても立ってもいられなくなるでしょう。気分転換に女友達とお茶すると、恋話ばかりになってしまい、結局、彼への思いが強まってしまうばかりです。そんなときはワイワイと遊園地へ行ったり、トレッキングや乗馬体験、イルカと泳ぐなど、非日常的なことを体験しましょう。彼のことを考えない時間が、あなたの恋心をクールダウンさせてくれます。

また、美食に走る傾向もあり、カロリーオーバーの食事や栄養的に偏った食事を摂り続けることもあります。糖尿病などの生活習慣病に気を付けてください。シャンパンやワインの飲み過ぎにも要注意です。

お肌はデリケートなのでニキビが出来やすかったり、太陽にあたり過ぎると湿疹が出てしまうかもしれません。メイクをしたまま寝たり、スキンケアを手抜きすると翌日に響いてしまいます。いつも綺麗で輝いていたいなら、洗顔、保湿をきちんと心掛けましょう。

このマインドナンバーの人は年を重ねても若々しく、素晴らしい美貌の持ち主ばかり。周囲に見られているという意識が、いつまでもあなたを綺麗にしてくれます。もし、年齢を気にして恋をしていないのなら、生活に心底満足することが出来ません。みんながあっとうらやむような年下男子やイケメン男子とデートしましょう。年齢を言い訳にして恋に臆病になるのはやめて。恋をしている限り、ハッピーに過ごせます。

🔑 **フォーチュンスポット**　ニューヨーク、サンフランシスコ、香港、ニューカレドニア、山形、名古屋、神戸

🔑 **フォーチュンフード**　ケーキ、マカロン、果物、サムゲタン、フォアグラ、スコーン、パン

🔑 **フォーチュンアイテム**　香り、香水、オイル。香りに身を包むことで、恋人を引き寄せてくれます。お気に入りの香りを持ちましょう。女子力が上がるネイルや華奢なリング、パンプス、ワンピースも必須アイテム。

🔑 **フォーチュンカラー**　ホワイト、カーキー

🔑 **ストーリーキーワード**　気になるワードであなただけの物語を想像しましょう。

恋愛　異性　激しい　恋心　運命的　両想い　発展　告白　サプライズ　ギフト　魅力的　セックス　誘惑　派手　相性　遊び　官能的　秘密　チャーミング　ロマンティック　情熱　一目惚れ　憧れ　楽しい　愛する人　ジェラシー　トキメキ　若々しい　消費　エンジョイ　苦悩　ゲイ　パートナー　電撃　真実　オープン　愛　初恋　結婚　再婚　出会い　期待　偶然　隣り合わせ　欲求不満　淋しい　夢　したたか　玉の輿　チャンス　オンリーワン　キス　街角　バー　デート　紹介　ドライブ　海　レストラン　ホテル　セレブ　映画鑑賞　ツンデレ

マインドナンバー7の彼は　「ロマンティックな夢追いタイプ」

彼とデートするときは、どんな時も気を抜いてはいけません。もちろん結婚後も同じです。ボサボサのヘアーに、スッピンでスウェット姿なんて絶対にダメ！　彼はオバサン化をいちばん嫌います。手料理も焼きそばよりパスタ、カツ丼よりリゾットなど、オシャレな料理を好みます。ケンカするときは、間違ってもヒステリックになってはダメです。感情的になってぶつかってしまうと、彼は引いてしまいます。イライラした時は、かわいらしく怒りましょう。そうすると「ごめんごめん」と謝ってくれるはず。恋のサプライズも好きなので、思いきって自分から唇を奪うというテもあり。そんなときも、下着やむだ毛など細部をチェックしていますので、上下が揃ってない下着やボロボロのインナーを見せてしまうとテンションが下がってしまうので気を付けて。彼とデートするならヘアケア、むだ毛の処理、下着、ネイルと女っぷりを磨いてから挑みましょう！　実は簡単に手に入りそうな親しみやすい女性より、なかなか手に入らない女性が好み。だから、あなたも彼を焦らす恋愛テクニックを学んで！

mind Number 8 ファイター fighter

情熱的なあなた。まるで臨戦態勢のファイターのよう！

常に変化を求め、夢を叶えるためにまっすぐに生きます。
あなたは夢を叶えるための強い精神力と引き寄せ力を持っています。

自分自身にもストイック。
あなたの意見に反対する相手、行き先を邪魔する障害……。
目の前にある困難をなんとかしようと取り組みます。

障害が大きければ大きいほど燃えるタイプで
簡単に手に入るものより、誰もがうらやむようなドリームを実現する
チャンスを掴もうとします。

でも、本来のあなたは、とってもデリケートな人。
だから、自分にもムチを打ちながら前進しようとします。
マンネリした生活や刺激のない生活は嫌。

惨めな姿。挫折。見下される。同情。

そんなことには耐えられません。
だからこそあなたはファイターになるのです。
プライドと品格、意地をかけて。

行動力があるので、気軽にいろいろなところに顔を出したり
イベントに参加するので、人脈が広かったり、知り合いも多いでしょう。
動くことによってチャンスを掴む人だから、例え、周囲にとやかく言われても
立ち止まらず、勇気を出して進むことが何よりも大切。

怖がらずにどんどん突き進むことによってあなたの道は開かれます。

～ 性格 ～

強い信念を持ち、納得いかないものにはノーと言えることが出来ます。例え、周囲を敵に回しても、味方がいなくても戦います。それだけあなたは自分というものを持っています。しかし、その個性が強いままだと、生意気だと言われてしまうことも。本質を理解してもらえず、苦しむこともあるかもしれません。

本来のあなたは純粋で、実直な人。そして、恋人、家族想いです。もし、家族が辛い状況にいると、自分の夢を諦めたり、恋人との時間を削ってでも、家族のために動くことが出来る人です。それほど、あなたにとって家族の絆は重要なものです。
性格はわかりやすく、ストレートなので、きちんと自分の気持ちを伝えることも出来るでしょう。実はツンデレ系のあなたは周囲にはタフガールに見えても、彼の前では甘えん坊な可愛い乙女。そんなギャップがまた、男性の心を離しません。

～ ライフスタイル ～

本当の友達と呼べる人はごくわずか。ものすごく人選をします。
それは、適当なつながりや上辺だけの付き合いが苦手だからです。そのため、みんなの人気者なのに友達が少なかったり、行動的なのにシャイだったり。付き合えば付き合うほど面白く、ミステリアスです。

理論的で、弁の立つ人が多く、あなたの口喧嘩に勝つ人はなかなかいないでしょう。相手に有無を言わせずに自分の意見をまくし立てます。そんなタイプなので、誰かがあなたに喧嘩をふっかけてこようものなら、こてんぱんに言い返すでしょう。しかしそれは相手があなたに攻撃を仕掛けてきたときだけ。普段のあなたはサバサバしていてゴーイングマイウェイ。とても自分の時間を大切にします。

あなたは独りでいても淋しくありません。やりたいこと、調べたいことがたくさんあるので、1日があっという間に過ぎてしまうからです。そのため、どちらかというと団体行動は苦手。気心の知れた友人、2人～3人ぐらいで遊ぶのがちょうどいいでしょう。あなたは、いろんなところから集めた知識や情報をみんなに教えることが出来る情報通。そのため、興味があるショップや行きたいレストランなどは常にリサーチしています。仲間内では「歩くグーグル」なんて言われているかもしれませんね。

マインドナンバー **8**

恋愛

短い恋を繰り返すより、1人の相手と長く深く付き合うタイプ。妥協した相手や好きでもない人とは、決して付き合うことはないでしょう。異性の好みもはっきりしています。見た目だけではなく中身も重視し、尊敬に値する人かどうかも条件の1つでしょう。いくらイケメンでも中身が最悪だと恋に落ちることはありません。

パートナーには知性と高い精神力を望みます。あなたと同じぐらい自己主張を持ち、仕事が出来る人を好む傾向があります。秘密主義でプライベートのことをあまり話さない人は嫌いです。あなたは興味のあることには1人でも行動し、学ぶことが苦ではないため、相手にも自立を望みます。仕事が出来るキャリアウーマンも多いため、このマインドナンバーの人は彼氏から「俺と仕事どっちが大事なわけ？」と、問い正されたことがあるのでは？　このように、なにかに夢中になると、恋愛よりも興味があるものを優先してしまうところがあります。興味や趣味に充実しているので、浮気を疑った彼もいたのではありませんか？

あなたは恋人から軽んじられることを嫌います。心配性なので、恋人からこまめな連絡や愛情表現がないとイライラしてしまうでしょう。しかし、お互いに気持ちが通じあい、信頼出来る関係さえ築ければ、週末婚や遠距離恋愛も可能です。むしろ、あなたは誰かと一緒にいると、相手のペースに合わせてしまうので、パートナーとほどよい距離感を保ち、自分の時間を持つ方が関係がストレスがなく、長続きするでしょう。

縁があるのは、外国人や留学経験がある人、海外に住んでいる人、自営業、出張が多い人、仕事が忙しい人、プロ級の趣味を持っているような人。

交際期間中も結婚後も、ベッタリよりもメリハリのあるお付き合いの方がフレッシュな気持ちを保てます。結婚後も仕事に追われてしまい、子供とのコミュニケーションが不足してしまうかもしれません。そんなときは周囲に協力してもらうのもアリ。

♥**結婚しそうな年齢**　満年齢で25歳、27歳、29歳、30歳、32歳、33歳、34歳35歳、36歳、38歳、39歳、42歳、44歳、45歳、49歳、51歳、52歳、53歳のとき。

仕事・お金

あなたは夢に向かってまっすぐな人だから夢を実現することが出来るでしょう。好きなこと、興味があることはどんなに面倒くさくても、難しくても、すごい集中力で乗り越えます。修練を積んだり、1つの道を極める生き方が、最も向いています。スポーツ選手をはじめ、舞踊、歌、演劇などの芸能関係、職人や技術者、学問、研究の分野、医師、看護士など医療関係などが適職です。

実際、オリンピックの金メダリストやカリスマモデル、個性派俳優などにこのナンバーは多いのです。根気と持続力があるので、調査、探査といった仕事にも適性があります。謎を解き明かすことに興味を持つ傾向もあり、科学者や考古学者などにも向いています。ピラミッド、自然現象、古墳、遺跡、城などに興味がある人も多いのでは？　また頭の回転も速いため、細かい数字を扱う仕事、例えば金融関係や会計士、税理士なども適職です。

また、投資などにも興味を持つ人もいるでしょう。堅実派なので貯蓄面もしっかりしているはず。肉体的にハードな仕事も充分に行える体力を持っており、激しい肉体労働や過密スケジュールもこなせます。

なんでも出来るスーパーウーマンですが、唯一挫折を味わうのは、最初に嫌だと感じた仕事を続けること。直感力が優れているため、あなたが思ったこと、感じたことはたいてい当たっているのです。「この人は苦手」とファーストインスピレーションで感じた場合は、やっぱり苦手な人だったことはありませんか？　仕事も職場もそうです。苦手だと感じた仕事は実力を発揮出来ません。逆にこんな仕事をしたい！と思った場合は実現する可能性が非常に高いです。

あなたは自分の個性、短所、長所をよく理解している人。自分自身の未来についてもビジョンが見えているはずです。あなたはその思い描いている未来に向かって、ただ進めばいいのです。原動力は、なんの根拠もない自信だけで十分。

金運は強い方です。困っていたら助け舟が来たり、自身の仕事でそれなりの収入を得ることが出来るでしょう。家族の絆を大切にする方なので、親孝行もします。金銭的な援助をしたり、家族の中心としてみんなをまとめているでしょう。

マインド
ナンバー
8

健康・体質

恵まれたスタイルの持ち主です。日本人離れした手足の長さ、腰の高さ、顔立ち。生まれつき美人で、子供の頃から恋人や男友達には困ったことがなく、常に注目の的だったでしょう。あなたのファンクラブがあったのでは？　学生時代から目立ち、先輩からも可愛がられ、後輩からは高嶺の花の存在だったことでしょう。

そのため、女性からの嫉妬や妬みをかうことは、しょっちゅうあったかもしれません。でも、そんなことを気にしなかったはず。あなたは、周囲にどう思われようと「自分は自分」「他人は他人」というマインドの持ち主だからです。他人と自分を比べることはなく、ましてや他人を妬むことはないでしょう。

運動神経も抜群で体を動かすのが好きだったり、水泳やティラピス、ランニング、サイクリングなどの趣味を持っていませんか？　免疫力も強く、肉体の回復力も抜群です。風邪を引いても、仕事を休んだりせず、働きながら治してしまうというタフなタイプです。責任感が強いから、どんなときも、つい無理をしやすく、体を限界まで酷使してしまうところがあります。針やお灸、指圧、スポーツマッサージなど、体の中からコリをほぐしてくれる施術がオススメです。ハードスケジュールをいつもこなしているからこそ、予防のためにも定期的に健康診断をきちんと受けましょう。

国内、海外など、いろいろなところを飛び回る仕事を持つあなたは、事故に注意してください。見晴らしのいい道路を車で走っているとき、スピードを出し過ぎてしまうこともあります。危険な運転はくれぐれも気をつけて。このマインドナンバーの人は海の好きな人が多く、海水浴やスキューバダイビング、シュノーケリングなどを好む傾向があります。しかし、体調が優れないときは無理して海に入らないように。どんなスポーツも、体調に合わせて運動量をコントロールしましょう。

フォーチュンスポット　イギリス、中国、フィリピン、マウイ、モナコ、秋田、熊本、長崎

フォーチュンフード　フライドポテト、アサイボウル、ワカモレ、グラタン、玄米、オーガニックフード

フォーチュンアイテム　アイブロー、フェイスパウダーなど。眉のお手入れはあなたの運勢に幸運を招いてくれます。どんなに忙しい日でもスッピンで過ごすときも眉だけはきちんと整えて！

フォーチュンカラー　ブラック、ブルー

ストーリーキーワード　気になるワードであなただけの物語を想像しましょう。

強気　試験　合格　本番　強運　前進　勝利　打ち勝つ　力強さ　行動力　移動　突進　素早い　物事　スポーツ　乗り物　旅　出張　男性　アクティブ　トラブル　乱暴　みさかいがない　直感力　バランス　重視　語学　手段　努力　礼儀　ヤル気　空回り　女性らしさ　男性的　駆け引き　引き寄せ力　見切り発車　会話上手　憧れの存在　魅力　完璧主義　幸福　暴言　暴走　独立　ライバル　攻撃的　情熱

マインドナンバー8の彼は　「情熱的で狙った獲物に一直線なタイプ」

いつも忙しく動きまわることが好きで、何を考えているかよく分からないミステリアスな人。警戒心も強いので、初対面でパーソナルなことを話す方ではありません。そんな彼に初めから、個人的なことをガンガン質問してしまうと引かれてしまうので要注意。秘密も多いかもしれません。あまり過去についても話したがる方ではなく、時間をかけて仲良くなってから自分のことを少しずつ話します。また、人間関係に疲れやすいところもあるので、1人の時間も必要なタイプです。家でこもるのも好きなので、1日中ゲームや漫画に夢中になることもあるかもしれません。もし、彼の方から連絡をとってきた場合は、それは、あなたに興味がある証拠です。そのときは色々考えずに、すぐに返事をしてあげることがポイント。独占欲も強く、心配性なのであなたからの反応を気にしているからです。自分からこまめにメールや電話をすることで彼と仲良く関係を続けられることが出来ます。マインドナンバー8の人は誕生日、記念日を覚えるのが苦手だったり、仕事を優先してしまうかもしれません。目の前のことに一生懸命になってしまうので、仕方がないと割り切りましょう。悪気はありませんので、大目に見てあげてください。

マインドナンバー **8**

mind Number 9 バランサー *Balancer*

「2」という数字に縁のある
ムードメーカーのあなた。

あなたにとって「2」というナンバーが人生の鍵です。
例えば、2つの国を行ったり来たりすることも。
あなたには必ず訪れたくなる、懐かしい気持ちにさせられる第2の故郷のような場所
があるはずです。

2つの場所にご縁があったり、実家と自分の家のお世話したり
2つ家を持っていたり、早い年齢で実家を出て、自分のマイホームを持つ人も。

不動産運もあるので別荘や別宅、投資物件などを持っている人も多いでしょう。
手がけているビジネスが注目されやすく仕事が出来る人も多いはず。

才能の引き出しも多く、多方面で活躍する人も。
そのため、起業して2つの会社を作ったり
全く異なるジャンルのビジネスに興味を持つこともあります。

2回の転職。昼と夜などの2つの顔。2回の結婚。ハーフ。
そして、ときには二股の恋に落ちてしまうことも。

仕事では常にA案、B案と2つのアイデアを用意し危機管理能力も高く、成功と失敗
のどちらも考えています。

正義感が強く、嘘やごまかすことができない面も。ときとして、会社の不正やワンマ
ン上司に自ら立ち向かっていくこともあります。頼られることも多く、みんなのフォ
ローに忙しいかも。将来についても複数のパターンを考えているでしょう。

そんなあなたですが、褒められても素直に喜べないといった、少々アマノジャクなと
ころもあります。あなたの人生には、なにかと「2」が影響するのです。

～ 性格 ～

ピースフルで争いを好みません。自分の幸せだけではなく、周囲の幸せも考えることが出来る人です。あなたの笑顔は人を惹き付けます。常に、興味のある分野での研究や勉強、資料集め、読書を欠かしません。そのため、ついついすべてのことにおいて理論や理屈っぽくなりがちです。耳年増タイプで、あたかもあなた自身が経験したかのように話すことが出来るでしょう。

あなたは親しみやすくフレンドリーで、例え権力を持っていても周囲に分け隔てなく付き合うことが出来るでしょう。面倒見がよく、困っている人を放っておくことが出来ません。ダメな後輩、ドジな友達、手がかかる彼氏、嫌われている上司、年老いた両親のために、いろいろな場面で助っ人として活躍するでしょう。

でも、そんな親切心がときとして男性に勘違いさせてしまうこともあります。なんとも思っていない人から突然、告白されたことはありませんか？ そのチャキチャキした性格は年下男性や内向的な男性から慕われます。あなたもお世話するのが好きなので、頼られたり、必要とされるのは嫌いではないでしょう。

～ ライフスタイル ～

綺麗なもの、アートが好きです。あなたは好奇心旺盛でキャパが広いので、展覧会に行くのもコレクションする作品も古典から近代まで幅広く、さまざまなカテゴリーに興味を持ちます。また、映画、音楽や食べ物の好みも幅広いはずです。

あなたはとても視野が広く大きな世界を持っている人。スピリチュアルな世界にも縁があります。国内外のスピリチュアルスポットを訪れたり、お寺や仏閣巡りも好きなのでは？ あなたは、目に見えない力によって何かを引き寄せることがあります。偶然出会った人、偶然訪れた場所、偶然担当した仕事が人生を大きく変えたきっかけになっていませんか？

あなたは、先祖や目に見えない力に守られています。だから、きちんとお墓を守らなければいけません。墓所を大切にし、お墓参りや供養、法事、法要などはしっかりしましょう。また、家を守る運命を持っています。結婚した場合、もしかすると夫と自分の両方の親を介護することになるかもしれません。

～ 恋愛 ～

女友達、男友達、ゲイと幅広い交友関係を持っているでしょう。気になる人には、あなたから友達になろうと近づき、仲良くなる方です。そんな気さくなあなたはモテる人。好きな人が出来るといてもたってもいられなくなるでしょう。気持ちを抑えることが出来ず、突発的に大胆な行動を起こしてしまうこともあります。計算していないその言動が男心を刺激します。気が付いていないかもしれませんが、あなたは恋の上級テクニックを持った人なのです。

彼に会いたいと思ったら、その気持ちを押さえられなくなります。話したいと思ったらすぐに電話をかけたくなります。そのアクションは正解。あなたは自分の感情に素直に行動することが大切です。

しかし、ときとして相手のことを考えずに行動してしまい、戸惑わせてしまうこともあるかもしれません。恋多き女性で恋愛も肉食系のあなたは、気になる人が現れると彼から乗り換えたことはありませんか？ 離婚の経験のある人は、あなたに好きな人が出来たという理由で別れたのかもしれません。

あなたはシャイですが、意外とベタなロマンティックな演出が嫌いではない方。むしろ、好みでしょう。突然、映画のワンシーンのような大きな花束のプレゼント。あなたを喜ばすために一生懸命、料理している彼の姿。オシャレして、高層階の眺めのいい景色を楽しみながらのディナー。パートナーは、そんなロマンティックなセンスのある人がいいでしょう。誠実な人、仕事にストイックな人、年を重ねても色っぽい人もお好みです。

あなたは結婚後も、女性らしさを忘れません。太ったり、ダサい服装やおばさん化してしまうのも嫌いです。だから、結婚後、パートナーがおじさん化してしまうのが許せないでしょう。あなたのセンスでオシャレにコーディネイトしてあげると、彼はいつまでも魅力的な人でいられます。

♥**結婚しそうな年齢** 満年齢で19歳、26歳、28歳、29歳、30歳、31歳、32歳、33歳、36歳、37歳、39歳、43歳、44歳、45歳、46歳、50歳、52歳、53歳、54歳、55歳のとき。

仕事・お金

正義感が強く、曲がったことが大嫌いなあなた。任された仕事は手抜きすることなく結果を出すために残業したり、帰宅後も休みの日もビジネスモードで過ごすでしょう。しかし、休むと決めたら、ちゃんと休むことが出来る人。いつもはしっかりキャラですが、家ではダラダラしたり、人には見せられないような姿でゴロゴロしているでしょう。お気に入りのベッドやソファーでペットとのんびりするのが1番のリラックス法です。

仕事では常に、攻めの姿勢を貫く人です。面倒見もよく、悩んでいる後輩や失敗して落ち込んでいる同僚がいれば食事に誘い、さりげなく相談にのったり、愚痴を聞いてあげる姉御肌タイプ。さらに、鋭い洞察力の持ち主です。同僚の社内恋愛にもピン！とくるでしょう。その感覚はビジネスでも大いに役立ち、みんなが諦めてしまうプロジェクトや難しい仕事もあなたの手にかかれば、豊富なアイデアで達成することが出来るでしょう。

そんなあなたは適応力もあるため、どんな職業に就いても大丈夫です。全く経験のない異業種に転職しても、その世界に飛び込むことが出来るでしょう。副業にも縁があり、メインの仕事以外にバイトをしたり、友達となにかビジネスを計画するかも。あるいは、夢を叶えるために、昼も夜も働くなど、2つの仕事をかけもつこともあるかもしれません。

また、権力などで上からあなたを押さえつける、職場の空気が悪い、あなたの意見を取り入れないといった仕事環境に身を置くと、フラストレーションが溜まるでしょう。あなたは行動的で常に変化を求め、ビジネスのスリルを味わいます。ネゴシエーターとしても有能で、仕事の駆け引きも好き。あなたの才能を発揮できる環境で仕事を進めると、メキメキと結果を出します。

単純作業や一般事務など、変化に乏しい仕事はあまり好きではないかもしれません。そのような環境で働いている場合は、才能を持て余してしまうでしょう。その持て余したエネルギーを恋愛に求めてしまうと、ダメ男や妻子持ちに引っかかってしまうので要注意。また、「お金は天下の回りもの」であることをよく理解しています。使うときにきちんと使い、節約するところはきちんと堅実に、財布の紐を締めます。

マインドナンバー **9**

健康・体質

好きなこと、興味があることにスイッチが入ると徹夜も平気なタイプ。限界まで頑張ってしまうところがあります。もともと体が丈夫で、健康優良児だったのでは？

しかし、悩みや不安なことがあると、胃がキリキリしたり、お腹がゴロゴロ痛くなるといったストレス性腹痛を起こしてしまうかもしれません。そのため、胃が小さくなりやすく、すらっとした細身体型となり、なかには胃下垂の人も。

恋愛が上手くいかないと眉が薄くなったり、どんどん眉の幅が細くなってしまいます。観相学の面から言わせてもらうと、眉が細いままだと波乱を招いてしまうことになりかねません。だから、眉が細くなり過ぎないように気を付けましょう。

あなたの魅力は、綺麗な瞳。あなたにじーっと見つめられてしまうと、どんな男性もタジタジでしょう。一方、目力が強いため、あなたがムカついて睨み付けると、どんな人も怖がるぐらいの力を感じさせます。まるで、ギリシア神話に登場するメドゥーサみたいに。そんな強い瞳を持っているあなたは、目が疲れやすく視力が低下しがち。乾燥を防ぐために目薬や蒸しタオルで目の周りを温めたり、ブルーベリーやサーモンなど、目にいいといわれる食べ物やサプリを積極的にとりましょう！

ワイワイとみんなで食事をするのも好きなので、飲み過ぎ、食べ過ぎ、不規則な生活に気を付けましょう！　とってもピュアなあなたは傷ついてしまうと、情緒不安定になってしまうところがあります。傷ついて落ち込んだ経験があるならば、なおさら学習して、変な人や危険人物には近づかないように、自らも予防線を張ることが大事。

いつもはタフでも、人間関係、パートナーに振り回されてしまうと、あなたらしさを失ってしまいます。自分らしくいられる人と過ごすことで、精神的にも安定し運気も上昇します！　もし、あなたがバツイチならば恋に臆病にならないように。あなたにピッタリな彼に必ず出逢えますから、恋することを怖がらないでどんどん恋をしましょう。

マインドナンバー **9**

🎣 **フォーチュンスポット**　ロサンゼルス、ブラジル、オーストラリア、奈良、岐阜、鎌倉、大分

🎣 **フォーチュンフード**　もつ鍋、チーズフォンデュ、納豆、レバ刺、魚介類

🎣 **フォーチュンアイテム**　シューズ、ハンドバッグ、腕時計などの小物に、特にこだわりがあるでしょう。履きたいシューズや持ちたいバッグを考えてから洋服をコーディネイトすることもあるほど、靴やバッグが好きなのでは？

🎣 **フォーチュンカラー**　イエロー、オレンジ

🎣 **ストーリーキーワード**　気になるワードであなただけの物語を想像しましょう。

両立　正義感　規則　対等　理不尽　平等　誠実　客観的　平和　冷静　まとめ役　二股　仕事　再就職　再婚　真面目　相手　皆　公正　ひいき　感情　バランス　調和　評価　正しい　行動　気配り　貫く　意思　キャリアウーマン　年下　ずる賢い　不正　不公平　無理　疲れる　偏り　ゆるやか　法律　裁判　良心　調停　距離感　別荘　自然の中　節約　貯金　マイホーム　理想　海外　遠距離　デザイン　人気者　勘違い　不器用　過ち　天然　個性　革命　アート　ナイーブ　失恋　魅力的　笑顔　親しみやすい　面倒見がいい　愛人　社長　センス　音楽　創作　自己主張　司会　発言　いつまでも　恋人　美しい

マインドナンバー9の彼は　「**器用なマルチタスクタイプ**」

彼は、同時進行で色々なことを考える素養のある人ですね。だから、周囲からすると落ち着きがない人、色々なことに手を広げている人といった印象を与えてしまうことがあるかもしれません。でも、このナンバーの彼は、逆に1つ1つ仕事をこなしていくより、色々なプロジェクトを同時に抱える方が効率も良く、望む結果を残せます。つかみどころがないタイプなので、頻繁に連絡が来るときもあれば、連絡が急に途絶えることもあるでしょう。不安になることもあるかもしれませんが、きっと彼は、何かに夢中になっているのだと思います。魅力的な人だから同性にも異性にも好かれます。バツイチになりやすい星を持っているので、もしあなたと彼が初婚同士なら、彼を大きな心で見守るしかありません。彼にガミガミと怒りをぶつけてしまうと仕事に、愛人にと逃げ場所を求めてしまいます。もし、彼が2回目の結婚なら、前回で結婚生活に失敗し、学んでいることが多いことから、あなたに優しくしてくれるでしょう。だからといって彼に甘えてばかりだとダメ。お互いがお互いを思いやる気持ちが大切です。

マインドナンバー **9**

Column マインドナンバーでわかる恋の相性

マインドナンバー **1** のあなた

ナンバー1とは▶ 同じナンバー同士は、基本的にお互いの考えていることが自然と分かり合えることが出来る相性です。お互いに無理せずにありのままで付き合えるでしょう。ナンバー1の人は嘘やごまかしが嫌い。だからどんな小さな嘘も禁物です。2人の開運アクションは旅行。国内、海外どちらもOKです！

ナンバー2とは▶ お互いに学びあうことが出来る2人です。せっかちなあなたとマイペースな彼。全く異なる性格ですが、惹かれ合います。気を付けて欲しいのは、ナンバー2の人はペースを乱されるのが苦手なこと。お互いを尊重しあい、譲り合うことが長続きさせる秘訣です！

ナンバー3とは▶ あなたの存在が彼にとっていい刺激になる相性です。彼は、クールに見えて実は天然なところがある、付き合えば付き合うほど味わい深い人。人見知り屋のところがあるので最初は、何を考えているかわからないと感じることがあるかもしれません。彼は時間をかけて相手と仲良くなるタイプです。

ナンバー4とは▶ あなたたちは最強カップル。2人でいることで次々に幸せが舞い込むでしょう。あなたといることで彼の仕事運もアゲアゲに。共通の趣味を持つとさらに2人にミラクルな出来事が起こるかも！カップルで起業するのもオススメ出来る相性です。マンション、土地を手に入れる不動産運もあります。

ナンバー5とは▶ お互いに束縛が嫌いな自由人。しかし、問題なのは相手のことが気になり束縛してしまうこと。縛られるのは苦手なのに、相手のことは気になって仕方がない。連絡が取れなくなってしまうとしつこくメールや電話をしてしまうことも。お互いに息苦しくならないように工夫が必要です！

ナンバー6とは▶ ガードが固いナンバー6の人もあなただけには、心を許す傾向が。2人は心が通じやすい、以心伝心カップル。マイペースの彼をまるで母親のように温かく見守ることで、彼は成功を手に入れることが出来ます。彼は意外とプライドが高いので上から目線の話し方に気を付けて！

ナンバー7とは▶ ロマンティックな彼と行動的なあなた。2人は結ばれると、一気に燃え上がり、気分も高まるでしょう。電撃婚もあり得ます。でも、気を付けて欲しいのはあなたが飽きっぽいところ。彼とマンネリ関係が続いてしまうと浮気心に注意。初心を忘れないようにデートプランに工夫を！

ナンバー8とは▶ 知れば知るほど、お互いの共通点の少なさにがっかりしてしまうことも。しかし、お互いを理解し、認め合うことで欠かせない存在に。物事をあまり深く考えないノーテンキなあなたと、哲学者のように物事を突き詰めて考えるのが好きな彼。程よい距離感をキープすることが鍵です！

ナンバー9とは▶ どちらも惚れっぽく、熱しやすく冷めやすいタイプ。激しいほど、恋の寿命が短くなりそう。出し惜しみして彼を焦らせるのもテクニック。彼は、少々お天気屋気質なところがあるかもしれません。彼に合わせすぎるとイライラが溜まってしまいます。彼と上手く付き合うには、心を大きく持つことです！

彼の生年月日からマインドナンバーを計算して、相性をチェックしてみましょう。

マインドナンバー **2** のあなた

ナンバー1とは ▶ 彼はお仕事大好き人間。あなたが彼のリズムに合わせることで上手くいく相性です。あれこれと彼に干渉し過ぎてしまうと破綻してしまいます。例え気になっても、彼を自由に泳がすぐらいの余裕を持って。彼が素っ気ないメールを送ってきても落ち込まなくて大丈夫。ぶっきらぼうなだけです。

ナンバー2とは ▶ そばにいるだけで幸せを感じられる相性。お互いに好みも似ていて、惹かれあうはずです。自然な流れで同棲、結婚へと進んでいくでしょう。さらに、2人で大きなチャンスを手に入れることが出来る可能性を持っています。一緒にいればどんな夢でも叶えることが出来るかもしれませんよ！

ナンバー3とは ▶ 基本的に水と油のように全く異なる性格の2人。しかし、全然違うからこそ、お互いを理解し尊敬しあうことで深い絆を結べます。彼のことがムカついても、話し合うことで問題も解決できるはずです。お互いに頑固なところがあるからケンカは長引かせないことです。

ナンバー4とは ▶ 彼はどこかフェミニンなところがあり、お料理が上手だったりお掃除が得意だったりするところがありませんか？　そんな彼には、思いっきり褒めることで関係が良くなります。どんなときも感謝の気持ちを忘れないことがポイント。彼の優しさを甘んずることなくあなたも彼のために何かしてあげましょう。

ナンバー5とは ▶ ついつい頑張りすぎてしまう彼にとって、あなたは最高のオアシス。あなたは彼が望むことが手に取るようにわかるはずです。そんなあなたは彼にとって、とても貴重な存在です。ストレスフルな生活を強いられている彼を癒すことが出来る唯一の人だから。あなたがいれば出世運もアップします！

ナンバー6とは ▶ 控えめなあなたと謙虚な彼。2人は時間をかけてゆっくりと恋の炎が燃え上がります。お互いに心を許すことが出来、無理せず自然体でいられる相性です。しかし、恋人同士のときからすでに家族のような存在になってしまい、トキメキが低下してしまうかも。たまには刺激的なアプローチを！

ナンバー7とは ▶ どちらもロマンティストで初めから惹かれあう相性です。しかし、最初の頃は良いのですが、なぜか長く一緒にいるとお互いに息苦しくなってしまいます。それは、お互いによく見られたいという意識が高いからです。ケンカを恐れずに言いたいことを言ってケンカをした方が2人の絆が強くなります！

ナンバー8とは ▶ 愛想がいいあなたと気分屋さんの彼。ちょっとだけ第一印象は悪いかも。何を考えているのかわからないところがある彼なので、気分に振り回されてしまうことがあるかもしれません。しかし、お互いに性格が異なるからこそ化学反応を起こせるはず。すばらしい関係を築くことが出来るでしょう。

ナンバー9とは ▶ お互いに直感を信じるタイプ。一緒にいることで、どんなことも可能になる相性です。あなたと彼は、周囲からちょっと変わっていると言われることはありませんか？　変わった者同士だから結束は固いでしょう。困難が待ち構えていても彼とならどんなことも乗り越え、さらに幸運を招くことが出来る相性。

Column
マインドナンバーでわかる恋の相性

マインドナンバー **3** のあなた

ナンバー1とは ▶ 恋にクールなあなたと好きになったら一直線の彼。彼は情熱的にあなたに接するでしょう。「愛」という炎を灯してくれる存在です。ただ、あまりにも彼が積極的過ぎると恋にスローなあなたは戸惑うかもしれません。しかし、彼のペースに飲み込まれ、お付き合いするのもアリですよ。

ナンバー2とは ▶ 彼は予想不可欠な存在。飽きることがないでしょうが、不安になることがあるかもしれません。なんといっても彼は掴みどころがない不思議キャラだから。一見、きちんとしていてもびっくりするようなことを平然と口にするかもしれません。寛大な心で彼と接するといいでしょう！

ナンバー3とは ▶ 似た者同士で相性抜群。しかし、2人とも恋に奥手なところがあるので、恋のスピードがゆっくりかもしれません。「初めはお友達から」作戦が有効です。なかなか彼から連絡がない場合は、あなたからデートに誘いましょう。知的好奇心が刺激されるようなデートが2人の運気をアップしてくれます！

ナンバー4とは ▶ 家庭的な彼と仕事熱心なあなた。彼の方が甲斐甲斐しく、忙しいあなたのサポートをしてくれるかも。そんな彼にあなたも甘えることが出来る相性です。責任感が強く、何もかも完璧を目指すあなたは彼に素直に甘えることで癒されるでしょう。例え2人が離れていてもお互いを意識し、心はつながっています。

ナンバー5とは ▶ 楽しい雰囲気が好きなあなたと遊び好きな彼。2人でいると時の流れがあっという間に過ぎてしまいます。彼の遊び過ぎが気になる時は大目に見てあげましょう。彼は、リーダー気質で頼りがいがある人です。あなたが上手に彼を育てることで彼は成功を掴むことが出来るでしょう！

ナンバー6とは ▶ お互いに高い理想を持った2人です。すごく息もピッタリ！ 居心地がいい相性です。しかし、お互いにしっかりとした考えがあるので意見の食い違いには要注意。ケンカも時には折れることも学び、グッと我慢して言わなくてもよい一言は飲み込みましょう。尊敬し合うことが関係を長続きさせる秘訣！

ナンバー7とは ▶ みんなにいい顔をする彼にヤキモチを焼いたり、浮気の疑いをかけることがあるかも。外面がいい彼だから、あなたの前と他人の前とでは態度が違い、イライラも募ったり。だからといって、彼の浮気を疑ったり、八つ当たりすると彼のあなたへの愛が冷めてしまうだけです。彼を信用しましょう！

ナンバー8とは ▶ 知的なあなたと行動的な彼は、2人でひとつの相性。苦手な部分を補えるカップルです。あなたは彼といることで新しい自分に出会えるでしょう。彼ももちろんあなたの影響を受け、成長することが可能です。基本的に2人は性格が違うので、お互いの個性を認め合うことが仲良く出来るコツです！

ナンバー9とは ▶ 色々なことに手を出そうとする彼に、あなたはヒヤヒヤしてしまうかも。彼の行動が危なかしく感じることもあるかも。そんなときは、上から目線でアドバイスをしてしまうのはNG。彼は殻に閉じこもってしまい、あなたに相談出来なくなってしまいます。常に、同じ目線で悩みを聞いてあげましょう。

マインドナンバー **4** のあなた

ナンバー1とは ▶ 仕事中毒の彼と家庭的なあなたの相性はバッチリです！　ただ、お互いに主導権を握りたい2人なので争いにならないように気を付けてください。彼をおだてて上手く操作すれば思いのままになるでしょう。無理強いをしてしまうと彼は、逃げたくなってしまいます。彼への押しつけは止めましょう！

ナンバー2とは ▶ 何かと気が利くあなたとマイペースな彼は、一見正反対のような2人ですが、補いあえて助け合うことが出来る素敵なカップルです。あなたは、あげまん気質なので彼を上手くサポートすることが出来れば彼は成功を掴むでしょう。彼は天然なところがあるので、しっかり管理してあげて！

ナンバー3とは ▶ 家庭的で親切なあなたに彼は魅力を感じます。いつまでも一緒に居たいと感じるベストカップルです。ベタな手料理攻撃で彼の心を掴むことが出来るでしょう！　あらかじめ、彼の好きな料理をリサーチして彼の好みを知ることが大事です。ツボを押さえたあなたを彼が手放せないこと間違い無しです！

ナンバー4とは ▶ 家庭的な良きママ・子煩悩なパパになる理想的な2人です。付き合うとすぐに真剣交際になり、結婚も早いでしょう。あなたも彼も家庭が充実すると仕事運がさらにアップします。このカップルは、愛もお金も手に入れることが出来る最強のコンビです！　2人で起業することもオススメ！

ナンバー5とは ▶ 誰にでもオープンなあなたと人の好き嫌いが激しい彼。少々、彼のわがままに振り回されてしまうかもしれません。しかし、彼は大きなお金を掴む可能性がある人です。あなたのサポート次第で彼の出世運、仕事運が左右されます。彼のパートナーとしての腕の見せ所ですね！

ナンバー6とは ▶ 警戒心が強いあなたと奥手な彼。初めは恋の展開がスムースに進まないかもしれません。彼からなかなかデートに誘ってもらえずイライラしたり、彼は恋より仕事を優先しやすいタイプなのでちょっぴり淋しい思いをすることがあるかもしれません。あなたから誘い、ムードを作ることが鍵です！

ナンバー7とは ▶ ロマンティストであなたを大切に扱ってくれる彼。まるでお姫様のようにあなたをエスコートしてくれるかも。そんな彼にあなたもキュンキュンするはず。いつまでも2人は、新鮮な気持ちでラブラブに過ごすことが出来る相性。ただし、あなたがコーデやメイクに手抜きすると、彼の心が萎えてしまいます。

ナンバー8とは ▶ 好きな人にとことん尽くすあなたと淋しがりやの彼との相性は最高です！　彼の束縛にもあなたは、むしろ愛を感じることが出来るはず。趣味に仕事に忙しい彼を上手にコントロール出来るのは、あなただけです。ビジネスパートナーとしても最高の相性なので、なにか2人で始めるのもいいでしょう。

ナンバー9とは ▶ まだ独身生活を楽しみたい彼と早く家庭を持ちたいあなたとでは、結婚に対する意識が違うかもしれません。その他、2人には、次から次へとトラブルがやってきてまるでロミオとジュリエットのように愛し合うのに結ばれるのに時間がかかってしまうことがあるかも。焦らず時間をかけて絆を深めましょう！

Column
マインドナンバーでわかる恋の相性

マインドナンバー **5** のあなた

ナンバー1とは ▶	プライドが高いあなたと勝ち気な彼とでは、お互いの第一印象は悪いかもしれません。2人とも警戒心が強く相手の様子を伺ってしまうところがあります。しかし、話してみると話題豊富な彼にあなたは惹かれるでしょう。そして、彼も奇想天外なあなたに夢中になるはず！ お互いに恋愛を楽しめるカップルです。
ナンバー2とは ▶	肉食女子のあなたにとってオシャレな彼は最高の獲物でしょう。あなたは、どんなパートナーとお付き合いをするかによって人生が全く異なります。彼は、素晴らしい感性を持った人。そんな彼をサポートすることであなた自身も成長するし、彼にとってあなたはかけがいのない大切な存在になるでしょう。
ナンバー3とは ▶	恋に落ちたらすぐに行動に移したくなるあなたと恋に慎重な彼。メールの返事が素っ気なかったり、スルーされることもあるかも。そんな彼に「何を考えているかわからない」と言いたくなるかもしれません。しかし、あなたはそんな彼にますます夢中に。彼には恋の駆け引きを仕掛けるより、ストレートな愛情表現を心掛けて。
ナンバー4とは ▶	男らしく見えてもどこか女性的なところがある彼と女性らしく見えても実はサバサバしていて中身は男性的なあなたは、足りないものを補える2人です。あなたが苦手なものは彼が得意、彼が苦手なことはあなたが得意と2人で1つのように息がピッタリのカップル。価値観や将来のビジョンも似ています。
ナンバー5とは ▶	お互いに相手より優位に立ちたいと無意識に思っています。2人とも自我が強いのでケンカをしたら一歩も譲らないところがあります。だから、小さなことでも衝突してしまうことがあるかもしれません。それだと、2人の関係はすぐに破綻してしまいます。譲り合うことが関係を長続きさせる秘訣です。
ナンバー6とは ▶	サバサバしていてキャリアウーマンなあなたに、彼は色々なことを教えてくれます。尊敬に値する学ぶことが多い人です。あなたは、ビジネス運が強いので結婚後も仕事を続けるタイプ。男性より稼いでいる人も多いほど、ビジネスの才能があります。そんなあなたは彼にとって金の卵です！
ナンバー7とは ▶	恋よりも仕事を優先しがちなあなたは恋の経験が少ない方かもしれません。あなたにとって彼は、夢を与えてくれる存在です。ロマンティックなひとときを一緒に過ごすことが出来るでしょう。恋に落ちたらまっすぐな彼はあなたにガンガンアプローチを仕掛けてくるかも。戸惑わずに流れに身を任せましょう！
ナンバー8とは ▶	しっかりとした信念があるあなたと、頑固な彼は似た者同士。ぶつかりあうと、互いに譲らずに激しい衝突戦を繰り広げてしまいます。しかも、彼は意外と根に持つタイプ。傷つけるような言葉を発すると、なにかとネチネチと攻撃してくるかもしれません。初めからケンカを避けて過ごすことが大切です！
ナンバー9とは ▶	お互いに好きな人を手に入れるまでのプロセスが好きなタイプ。そんな2人だからこそ関係を長続きをするには、マンネリは禁物です。お互いに好奇心が旺盛だからそば打ち、乗馬などの体験型のデートや未開拓地へのお散歩デートがオススメです。面白いことが好きな2人は笑いの絶えない楽しいカップルです！

マインドナンバー **6** のあなた

ナンバー1とは ▶ 好奇心旺盛な彼は、知的なあなたに好意を抱くはずです。あなたの清楚で上品なところもポイントアップ。いつまでもやんちゃなタイプの彼は、趣味に仕事にと大忙しでしょう。そんな彼のサポート役にあなたがまわると、彼の運気もどんどん上がります。実は彼にとって、あなたは最高のあげまんなのです！

ナンバー2とは ▶ なんとなく価値観や性格が似ている2人です。おしゃべりをしていても共感することが多いはず。出会ったときから、ビビビッと運命の人だと感じるかもしれません。お互いに1人だとマイペースに過ごしやすいのですが、2人一緒だと、どんどんスピードアップして勢いに乗れる相性です！

ナンバー3とは ▶ 男性に奥手なあなたも彼には、話しやすく心を許しやすいはずです。あなたは1度付き合うと交際期間が長い方だから、お付き合いした人数は少ないはず。しかも、恋のトラウマを抱えると何年も引きずってしまい、恋に消極的になってしまいます。そんなあなたにとって紳士的な彼は恋のリハビリにオススメです。

ナンバー4とは ▶ 彼は細やかな気配りが出来る人を好む傾向があります。まさしくあなたは、彼にピッタリの理想の人です。彼は淋しがり屋で独占欲も強く、ときとしてあなたを束縛し、無理難題を言い、甘えてくるかもしれません。しかし、そんな彼をあなたが母親のように包み込んで受け止めることで彼は成功を手にします。

ナンバー5とは ▶ なかなか行動に移せないあなたと何事にも行動的な彼の相性は、お互いに不思議なことばかり引き寄せるミラクルカップル。そもそも2人の出会いは、フトした偶然の出来事から始まるかもしれません。彼のそばにいるとあなたの世界はどんどん広がり、いい刺激を受けることが出来ます！

ナンバー6とは ▶ 警戒心が強く恋に臆病な2人。激しい恋より、穏やかな恋を望む傾向があります。一目惚れより友達から恋人関係に発展するように、恋人選びはとても慎重なのです。同じナンバー6同士の2人にとって恋愛を長続きするために大切なキーワードは、尊敬し合うこと。お互いを尊敬することで、良い関係を維持できます。

ナンバー7とは ▶ 最初の印象は良いのに、なぜかお互いのことを知れば知るほど距離を感じてしまいます。彼と付き合うならそれなりの覚悟が必要でしょう。なぜか、あなたと彼には障害の壁が次から次へと現れます。その困難も楽しむことが出来れば2人の絆は最強です！

ナンバー8とは ▶ あなたも彼も曲がったことが嫌いで正直な人です。しかし、彼のお天気屋さんで嫉妬心の強さに嫌気がさすことがあるかもしれません。なにかと口うるさく、あなたにあれやこれやと口出しをしてくるかもしれません。しかも、怒らせると面倒くさいのです。そんな彼には、いつも事前報告を心掛けましょう。

ナンバー9とは ▶ のんびり過ごすのが好きなあなたと、友達と遊ぶのが好きな彼。あなたが彼に合わせないと、2人の関係を長続きさせるのは難しいかもしれません。お互いの個性を認め、歩み寄ることが大切です。性格が違う2人だからこそ、どんなことでも話し合い、うやむやにしないことです。

Column
マインドナンバーでわかる恋の相性

マインドナンバー **7** のあなた

ナンバー1とは ▶ 恋に積極的な彼は、あなたに猛アタック攻撃を仕掛けてくるかもしれません。そんな彼にあなたも戸惑いながらも悪い気はしないでしょう。2人は熱く燃え上がることが出来る相性です。あなたからも彼にロマンティックなサプライズを仕掛けましょう！そんなあなたに彼もメロメロなはず。

ナンバー2とは ▶ ドラマティックな恋に憧れているあなたと恋に不器用だけど純粋な彼。そんな2人の相性は、お互いがお互いを思いやらないとギクシャクする羽目に。わがまま放題だと彼は疲れ果て、恋のエンドロールに近づいてしまうかも。あなたも彼への期待が高すぎるとガッカリしてしまいます。求めるより与える恋愛を心掛けて。

ナンバー3とは ▶ 人当たりが良く、好感度が高い彼と魅力的なあなたはすぐに恋仲になるでしょう。ただ、少しばかり刺激的な恋愛を求めるあなたは、彼を試すようなことをわざとしてしまうかも。だから、落ち着いた彼との恋愛につまらないと感じることがあるかもしれません。しかし、彼となら安定した結婚生活を維持できます。

ナンバー4とは ▶ 女心がわかる彼とサプライズ好きなあなたの相性はぴったり。まるで、映画のワンシーンのようなデートが楽しめるでしょう。そんな彼にあなたはメロメロ。彼も美人でオシャレなあなたを自慢に思います。2人でいると色々なチャンスを掴むことが出来る最強のコンビです！

ナンバー5とは ▶ 2人ともわいわい盛り上がるのが好きです。頼りがいがある素敵な彼と華やかなあなたは目立つカップル。仕事で忙しい彼にちょっぴり淋しい思いをするかもしれませんが、彼は大成功を掴む可能性があります！ あなたがデキる妻として彼を支えられると、出世したり、社長夫人になれるかも！

ナンバー6とは ▶ 人当たりがよいあなたと人付き合いが苦手な彼。あなたからすると、損している役回りで、効率が悪い男性だと感じるかもしれません。そんな彼をあなたは放っておけないでしょう。でも、あなたの考えを無理やり押し付けてしまうと彼は反発してしまいます。根本的に違う2人であることを忘れないで！

ナンバー7とは ▶ 2人は、同じナンバーだけあって相手のことが手に取るようにわかります。出逢った頃から意気投合し、強がりなあなたも彼の前では素直になれる相性です。しかし熱しやすく冷めやすい彼とマンネリの関係になってしまうと、刺激を求めて浮気心が芽生えることも。いつまでも新鮮な気持ちでいることが大切です。

ナンバー8とは ▶ みんなのアイドル的な存在のあなたに彼はすぐさま恋に落ちるでしょう。そんなあなたに対して、心配性の彼はソクバッキーに変身してしまうかも。初めは、そんな彼の束縛も愛だと勘違いして許せますが、しばらくすると、ウザく重たく感じてしまうかもしれません。お互いに信頼感を得ることが重要です。

ナンバー9とは ▶ いつも刺激を求めている彼にとって、あなたは魅力的な存在です。注意点は、彼の気が多いこととあなたもモテるところ。彼はちょっぴり女性に夢を抱いているところがあります。だから、彼の前でヒステリーを起こしてしまうと彼の心は一気に冷めてしまいます。彼にイライラしても八つ当たりしないで！

マインドナンバー **8** のあなた

ナンバー1とは ▶ 頑固なあなたと我の強い彼は、一気に仲良くなることが出来るでしょう。お互いに仕事が好きで向上心も強く、夢を叶える強運を持っているカップルです。しかし、お互いに負けず嫌いなので、ケンカすると悲惨で取り返しのつかないことになります。譲る心が２人の関係を安定させます。

ナンバー2とは ▶ お互いに直感力が働く２人。趣味に仕事にと忙しく飛びまわる彼を理解して、束縛せずに彼を自由にさせることが、いい関係を持続させるポイントです。いつも彼のことを優先するけど、あなたらしさを失ってはいけません。彼に依存せずに自立することで、彼はあなたに一目置き、大切な存在となるでしょう。

ナンバー3とは ▶ 性格が違うからこそ、惹かれあい尊敬しあえる２人です。不安なときも彼は、あなたを精神的に支えてくれるでしょう。だからこそ、トラブルに直面したときは１人で抱え込むのではなく、彼に相談しましょう。あなたと彼はどんなことも乗り越えることが出来るベストな相性です。

ナンバー4とは ▶ 色々なことに興味があり、動き回るのが好きなあなたを彼は見守ってくれるでしょう。あなたもそんな彼と一緒にいると癒され、居心地がいいはずです。ときには彼の方が手料理を振る舞ってくれたり、部屋掃除や整理整頓をしてくれることも。そんな優しさを当たり前だと思わず、感謝の気持ちを伝えましょう。

ナンバー5とは ▶ 男らしい彼と男前なあなたとは、お互いにサバサバして男友達のような関係。そんな２人が恋に落ちるには、恋の甘いエッセンスが必要かも。愛し合っていても２人の仲を邪魔する者が出現するなど、２人の恋路はなかなかスムーズにいきません。彼とは甘い関係より同志になることで、結束が固くなるでしょう。

ナンバー6とは ▶ どちらもまじめで責任感が強い２人は、恋よりもついつい仕事を優先してしまいます。デート中でも仕事のことが気になったり、なかなかスケジュールが合わないこともあり、２人のタイミングは少々ズレているかもしれません。上手くいかないことがあってもドンと構えて２人で問題を解決することが大切です！

ナンバー7とは ▶ 恋に恋するような彼は、彼女にはいつも綺麗でいて欲しいと願うタイプです。忙しさにかまけて女磨きをサボったり、あなたが仕事優先でデートを疎かにすると、他の女性にモーションをかけてしまうことも。会えない日は、メールや電話を駆使して、彼が淋しがらないように気遣いましょう。

ナンバー8とは ▶ 似た者同士で相性はいいのですが、互いに忙しく動いていると２人の関係に溝が生まれます。会えない時間が長くなってしまうとお互いに不安になってしまいます。あなたと彼のようになにかと忙しい２人は、同棲や結婚など、２人が帰るべき場所を定めると、安心して仕事に集中することが出来るでしょう！

ナンバー9とは ▶ 好奇心旺盛で忙しく動き回るのが好きな２人。人気者のあなたと彼は友達も多くお互いに予定がいっぱいでスケジュールが合わないなんてこともあるのでは？　こまめに連絡を取り合うことで淋しさをカバー出来ますが、２人とも自分勝手になり過ぎると、修復不可能な仲になってしまいますので気を付けましょう。

Column
マインドナンバーでわかる恋の相性

──✧── マインドナンバー **9** のあなた ──✧──

ナンバー1とは ▶ 繊細なあなたと頼りがいのある彼。一見、相性がいいように思えますが、女心を理解しないちょっとガサツなところがあるかもしれません。そんな彼とはケンカを重ねるほど、絆を深めることが出来ます。お互いに全く性格が異なるということを理解し、尊重しあうことが大切です。

ナンバー2とは ▶ 天然キャラが憎めない彼としっかり者に見えて天然のあなたは、似た者同士で居心地がいいはずです。彼の前ではリラックスしてありのままの姿でいられるでしょう。もしケンカをした場合は、彼は感覚で生きている人だということを忘れないで。あなたが理論的に責め立てると彼の面目が丸つぶれになるので、要注意。

ナンバー3とは ▶ 穏やかな彼と責任感が強く、頼まれるとノーと言えない姉御肌のあなたの相性はピッタリ！ ストレスを受けやすいあなたにとって、彼は優しく包み込んでくれる癒しの存在です。ちょっぴり鈍感なところがあるあなたは彼のアプローチに気が付いてない場合があるので、彼の反応を敏感に察知してあげて！

ナンバー4とは ▶ 人のお世話ばかりで自分のケアをなかなか出来ないストレスフルなあなたにとって頼りがいのある彼。2人は最初、いい感じでスタートするのですが、なぜか恋の邪魔者が入ってしまうかも。空回りした場合は、関係を構築するため、どんな些細なことも2人で話し合ってその都度、問題を解決しあうことが大切。

ナンバー5とは ▶ 一生懸命に頑張るあなたの姿に心を打たれる彼は、あなたのことが心配で仕方がありません。しかし、あなたと彼は性格が全く異なります。あなたが言って欲しい言葉や求めるようなアクションは彼には期待できないかも。ちょっとズレているけど私のために彼も考えてくれているんだと思い、感謝しましょう。

ナンバー6とは ▶ あなたと彼はじわじわと恋心を抱く相性です。2人の発展がスローなあまり、周囲の方がヤキモキしそう。友達に協力してもらってグループ交際からスタートさせるのもいいでしょう。ただ、お互いに我慢して一気に爆発するタイプなので、もし気になることがある場合は、溜め込まずに彼に話をしましょう。

ナンバー7とは ▶ あなたは恋愛に対して素直でオープンなタイプ。恋人の有無はすぐに周囲にバレてしまうほどわかりやすいです。そんなあなたとロマンティックな彼は、恋に落ちないわけがないぐらい、惹かれ合う相性。でも、気が多いあなたと外面がいい彼とではお互いに浮気の心配で悩まされることがあるかも。

ナンバー8とは ▶ なかなか本音を見せない彼もあなたの前だと自然体で過ごすことが出来ます。それは、あなたの完璧主義と彼の弱さを見せることが苦手という共通点があるからです。あなたは彼の前で見栄を張ったり、強がってしまうと、しんどくなってしまいます。肩の力を抜き、お互いが居心地のいい環境を作ることが大事です。

ナンバー9とは ▶ あなたと彼は似ているところも多く、同じような複雑な性格の持ち主。2人は考えはじめるとグルグル思考が止まりません。まるで哲学者や詩人のように物事に酔いしれてしまいます。想像や空想も好きでしょう。彼も同じようにアーティスティックな面があるので、2人だけの世界を築ければ無敵なカップルに！

chapter 2

Fortune cycle

フォーチュンサイクルを解読

あなたの
フォーチュンサイクルを
作ってみましょう！

フォーチュンサイクルはマインドナンバーをもとに
過去や未来の時期を調べることが出来る表。過去からは学びを
未来には夢をゲットするための行動を起こす指針となります。
1章で計算したマインドナンバーからあなたの過去・未来が占える表を作ってみましょう。
なお、巻末にはマインドナンバーごとの
フォーチュンサイクル早見表を用意していますので、ご活用ください。

ここではオーストラリア出身の人気モデル、ミランダ・カーを例にあげて
フォーチュンサイクルをチェックしてみましょう。

まず、マインドナンバーを計算します。

ミランダ・カー

1983年4月20日生まれ

$1 + 9 + 8 + 3 + 4 + 2 = 27$

$2 + 7 = 9$

ミランダ・カーのマインドナンバーは9です。
このナンバーは開拓期の年齢を表します。
つまり、彼女が開拓期を迎えたのは満9歳ということになります。

この9の数字を次のページの表にある「開拓期」に書きます。
ここから左回りに年齢を書き出してください。

Fortune cycle

●作り方

1. ミランダ・カーのマインドナンバー9を開拓期に書き入れます。

※注意点　このとき、フォーチュンサイクル9のバランスと混同しないように気を付けて！ フォーチュンサイクルは開拓期にマインドナンバーを書くことからはじまります。このマインドナンバーは年齢を表します。2014年、満31歳の彼女は運命期に入っていることがわかります。

2. 開拓期にマインドナンバーを書いたら、左回りに年齢を書き込んでいきましょう。
3. 調べたい時期の年齢をチェックしてください。

　フォーチュンサイクルの時期は満年齢が該当します。

あなたのフォーチュンサイクルを作ってみよう！

Fortune cycle

1 開拓
2 可能性
3 好奇心
4 実り
5 責任
6 支援
7 飛躍
8 突進
9 パス
10 邪悪
11 チャンス
12 実力
13 試練
14 変化
15 ストレス
16 不安
17 真実
18 弱気
19 迷い
20 充実
21 決断
22 運命
23 信頼
24 前進

あなたのマインドナンバーを開拓期の（※のマーク）に書き、
前ページのミランダ・カーを参考に数字を書き込んでいきましょう。

生年月日　　　　　　　　　　　　　マインドナンバー

　　　　年　　　月　　　日

1 開拓 start

恐れを知らない、はじまりの時期

**あなたの行動力が鍵となり
ワクワクするような楽しいことが次から次へと訪れます。**

この時期のあなたは、思いきった行動を起こすことが大切です。周囲から反対されてしまうようなことでも、あなたが本当にトライしたいことならば、夢を諦めずに進むべきです。

世界中で愛用されるブランド創設者のココ・シャネルも27歳でフォーチュンサイクルの開拓期を迎え、パリに「シャネル・モード」という帽子専門店をオープンさせました！　孤児院や修道院で育ち、決して恵まれた環境ではなかったはずなのに、彼女は夢を諦めませんでした。

彼女の言葉で「みんな、私の着ているものを見て笑ったわ。でも、それが私の成功の鍵。みんなと同じ格好をしなかったからよ」というものがあります。この言葉通り、開拓期では強い信念が必要とされます。周囲にとやかく言われようと、自分の進むべき道を歩むのです。他にも彼女はこのような言葉を残しています。「かけがえのない人間になるためには、常に他人と違っていなければならない」。あなたの個性、魅力を認めてあげましょう。

ココの痩せた体は、当時のたわわな胸元をアピールするようなコルセットスタイルには不向きでした。

ある日、パートナーと参加した乗馬会で、彼女は男性のようなパンツルックで登場し

周囲をあぜんとさせました。当時の女性が乗馬をするときの服装はドレススカートと決まっており、馬の背をまたぐことはせずに、足を片側に寄せて座っていたからです。しかし、彼女は目を白黒させる人々を尻目に「乗馬をするにはパンツでないと」と、ケロリとしていたそうです。
ココは他の女性と同じようにコルセットやドレスを身に着けても、自分の魅力が表現できないことに気付いていたのかもしれません。そして、その型破りな彼女の姿勢こそ、一流の男たちを釘づけにし、夢中にさせたのです。

あなたの魅力は、あなたの中から生まれていることを忘れないでください。
自分にブレーキをかけない限り、あなたの世界は未知数です。特に開拓期は新しい自分、新しい土地、新しい環境、引っ越し、旅行などが鍵。怖がらずに、どんどんアクションを起こしましょう。

☆ 仕事

考えることよりも、思いきって行動してみましょう。この時期のあなたなら、いつも以上に勇気を持って、思いきった行動に出られるはずです。今のあなたに必要なことは、しがらみを捨て、常識に縛られずに、堂々と自分の思うように進むこと。今まで見たことのない景色を目にするでしょう。新しい出発や、新たな挑戦を楽しんでください。再出発にも良いタイミングです。部署移動、転勤、転職、独立、留学なども、この時期に起こりそうな出来事。

今期は、いつも以上に環境の変化への順応性が高まっているので、新しい職場や人間付き合いにもすんなりと馴染むことが出来るはずです。
今の状況を変えたい！と思いつつ、引っ込み思案な性格や今更新しい環境に飛び込むことに抵抗があるという方は思いきって今、チャレンジしてみましょう！

fortune cycle
1
開拓

とにかく始まりのときだからこそ、新しい世界の扉を開いてみて、後悔しないように過ごしましょう。もし、今まで先延ばしにしていることがあるなら、この時期は前向きにトライすると、いい結果を出しやすいでしょう。

職場の人間関係では、例えイジワルをされても、気付かないフリをするくらいの心の余裕を持って接してください。あなたが楽しんでいる姿を見て、いつの間にかライバルたちも降参状態になるでしょう。今から楽しいことがたーくさん続くはずです。

わずらわしい職場のグループ付き合いでモヤモヤしたり、ひとりぼっちにならないかソワソワしているのであれば、いっそ新しい出会いを探しに出かけましょう。1人でランチタイムに本を読んで過ごし、自分の世界を広げるのもアリですよ！　とにかく今まであなたの心のなかにあったストレスをフリーにするための、アクションを起こしましょう。

恋愛

この時期の恋愛は、童心にかえって楽しむことが重要です。

シングルの人は、恋の相手の外見や社会的地位で判断してしまうと、もったいないです！　あなたの肩の荷を下ろしてくれるような、自然体でお付き合い出来る人がオススメ。年齢に関係なく、あなたとフィーリングの合う人こそが運命の人です。

また今期は、楽しいお誘いには乗るべきですが、お酒の席で、勢いに任せて、その場限りのナイトライフを楽しんでしまうと、性病やまさかの妊娠、相手からしつこく関係を続けたいと言い寄られるなど、頭を抱えるような問題に発展してしまいそう。
さらには、秘密の関係がバレて、周囲から冷たい目で見られ、噂の的に。または、軽い気持ちで送信したセクシーショットが流出してしまうアクシデントも。大きな代償を払うことになる火遊びにはご用心。

パートナーがいる人は、今期は楽しむことがなによりの幸せへとつながりますので、他人とあなたの恋愛を比べるのはナンセンス！　大切なことは、あなたが愛する人と笑顔で過ごせているのかどうか。また今期はアクティブに行動することで、より良い関係を築けます。思いきってリゾート地へ旅したり、スキューバダイビングにチャレンジしたり、陶芸レッスンを楽しんだり、旅行に行く余裕がなければ、近場でも流行りのスポットに出かけたり、新作スイーツを自宅で楽しむこともOKです。

Fortune cycle Seat
フォーチュンサイクルシート

あなただけのフォーチュンサイクルシートを作ってみましょう。
次の項目に思いつく限り、書き込んでください。

1 この時期が訪れるのは   年

2 なりたい自分や欲しいもの、目標は何？

3 2を得るための行動や心がけはどんなこと？

4 過去にあなたが経験したことを確認して
さらに前に進んでいきましょう。
かつて、この時期を過ごしたのは   年

5 そのときの印象深い思い出をあげてください。(出来事、人との出会いや言動など)

6 5から得た教訓や成長は何だと思いますか？

開拓期のキーワード
ポジティブ：新しい旅立ち、発展、挑戦、自由、可能性、根拠のない自信、才能、考えるより行動、物件購入、引っ越し、結婚、妊娠、出産、離婚
ネガティブ：自分勝手、早とちり、ばか騒ぎ、浮気心、空回り、誇大妄想

2 可能性
inspiration
可能性を秘めた時期

あなたが感じたひらめきやインスピレーションがメッセージ。感じるままに行動を起こすことで可能性が広がります。自分に出来るマジックの力を信じること。

スティーブ・ジョブズは26歳のとき、横暴な振る舞いによって参加していたプロジェクトメンバーから外されてしまいます。それはフォーチュンサイクルで可能性のときでした。しかし、彼は諦めませんでした。
別のプロジェクトに参加し、外されてしまったプロジェクトを上回るものを作ることを目標に掲げました。

そして、実際にここでもまた彼は妥協しない姿勢で、周囲にも挑み、強い反発にもあうのですが、決して信念を曲げず、予算に見合う製品を作ろうとするエンジニアを説き伏せ、機能だけではなく、ビジュアル面も重視し、現在のアップルのスタイリッシュなスタイルを確立していったのです。
ジョブズは、その生涯で何度も周囲と軋轢を生みました。目標に向かって、どんな手段でも使う彼のやり方についていけずに辞めるスタッフは山ほどいたそうです。また親しい友人ですら、彼の描く大きなビジョンについていけないこともあったとか。

しかし、どんな環境に置かれても彼は常に、己の道を突き進みました。その後も彼はアップル社を追放されるような形で退社することとなりますが、そのたびに新しい会社を立ち上げるといったチャレンジを続け、再び業績が悪化したアップル社に舞い戻っています。

そんなジョブズが残した言葉で「他人の意見で自分の本当の心の声を消してはならない。自分の直感を信じる勇気を持ちなさい」というものがあります。
そうです。この時期のあなたは、自分の本心や思いを他人の言葉で惑わされたり、決断を他人任せにしてはいけません。
あなたがどう感じているか、素直に思った通りに行動することが幸せへの近道です。

ジョブズは50歳のときにフォーチュンサイクルで、2度目の可能性期を迎えています。そのとき、彼はスタンフォード大学の卒業式で行ったスピーチで名言を残しています。「Stay hungry, stay foolish(貪欲であれ、愚かであれ)」。色々なことを経験したジョブズだからこそ、この言葉に説得力があります。あなたも、ジョブズのように周りからなんと言われようと、自分を信じてあなたの進むべき道を歩みましょう。

仕事

良くも悪くも、あなたの一挙手一投足に、周囲から熱い視線が注がれています。
手抜きをしたり、適当に仕事をこなしていると、ボロがでたり、非難されることとなりそうです。しかし、今期は、周囲にはバカげていると一蹴されてしまいそうなアイデアを実現することで、大きな成果をあげられそうです。

また、仕事で行き詰ったときは、同業者との飲み会や過去のデータ、新製品などの様々な情報を収集することで、素晴らしいアイデアが湧いてきそうです。スティーブ・ジョブズはライバル会社の作品を見たときに、「偉大な芸術家は盗むものだ」と話したとか。つまり、いろいろな創作物を見て、独自に解釈することで新たな作品やアイデアを生み出すということです。困ったときこそ、誰かにヒントや意見をもらうことで、新たな道が開けるはずです。

また、直観や洞察力が優れているときなので、同世代や同僚とばかり交流を持たずに自分よりもキャリアが長い人の話を聞くことで、スキルアップが図れるはずです。さらに、憧れの実業家の自伝や、関連本を読むことで、刺激を受け、あなたの将来のビジョンや目標が定まるでしょう。今期は目立ってナンボ！ ちょっと背伸びをしてでも、率先して仕事を引き受け、やり遂げることで活動の場が広がります。

恋愛

今後の恋愛は、この時期にあなたがどう動くかにかかっています。あまりにも仕事が忙しくて、恋愛にまでエネルギーがまわらない、という方も多いです。この時期は、おもしろい仕事を任されていたり、あなたではないと出来ない業務を担当していたり仕事にやりがいがあるときなのです。

そのためシングルの人は、仕事も楽しいけれど、恋愛がご無沙汰……ってヤバくない？と焦って、合コンに参加したり、恋人探しに挑戦するものの、どうしても優先順位が恋人より仕事、となってしまいます。結果、うまくいきそうな相手とも連絡が自然消滅したり、お互い割りきった体だけの関係をてっとりばやく選んでしまったり。

仕事が充実している間には気付かなかった相手への思いが、大きくなってしまい、あなたが本気になるほど、彼と真剣に向き合えなかったことを後悔する羽目に。彼にとってあなたは遊びという事実に傷つくこととなってしまいそうです。

今期は、貪欲な人ほど、最終的にはすべてを手に入れますよ。好きな人には、一言や絵文字だけでもいいので、必ず毎日メールや電話をする、どんなに疲れていても、彼と都合があえば、1時間でも捻出するといった、彼と心がつながる努力をしてください！　将来、この頃を振り返ってみたとき、バカだったなぁと笑えるくらい頑張ってみることで、良い恋愛が出来ます。

パートナーがいる場合は、2人で笑うことがキーポイント！　お笑いライブや遊園地、ゲームセンター、スポーツ観戦、マンガ喫茶。なんでもよいので、声を上げて笑ってしまうようなことを見つけて。

また、今期は忙しくなる年なので、時間的にも、心の面でもすれ違いやすいことに要注意です。机の上に手書きのメモを残すなど、あなたが彼を大切に思っている気持ちを伝えることを忘れないでください。

Fortune cycle Seat
フォーチュンサイクルシート

あなただけのフォーチュンサイクルシートを作ってみましょう。
次の項目に思いつく限り、書き込んでください。

1 この時期が訪れるのは　　　　　　　　　　　　　　　　　　　　　年

2 なりたい自分や欲しいもの、目標は何？

3 2を得るための行動や心がけはどんなこと？

4 過去にあなたが経験したことを確認して
さらに前に進んでいきましょう。
かつて、この時期を過ごしたのは　　　　　　　　　　　　　　　　年

5 そのときの印象深い思い出をあげてください。(出来事、人との出会いや言動など)

6 5から得た教訓や成長は何だと思いますか？

可能性期のキーワード
ポジティブ：直感力、演出、コツ、知識、学、テクニック、始まり、リーダー、初めての体験
新たな出発、誕生、アイデア、プロデュース、コンサート、パフォーマンス
人前、注目、個性、勇気、一目惚れ
ネガティブ：空気がよめない、自己チュー、うるさい、変人、自暴自棄、破壊的、嘘つき

3 好奇心
curiosity

ひろがる好奇心でいっぱいの時期

何事にも好奇心を持って過ごすことでチャンスや出会いも倍増。
アクティブに行動することで人生に変化が。

この時期のあなたは貪欲に学ぶことがとても重要です。学びたい、成長したい、スキルアップしたいという意欲があなたの何年後かのチャンス期に大きく影響を与えます。

イギリスのファッションデザイナー、ヴィヴィアン・ウエストウッドは、フォーチュンサイクルの運命のときに、パートナーとともにファッションブティック「レット・イット・ロック」をロンドンキングスロード430番地にオープンしました。そしてフォーチュンサイクル好奇心のとき、彼女は店名を「セディショナリーズ」に変更。この頃からヴィヴィアンはデザイナーとしての自分自身を意識するようになったそうです。そして、パートナーからのアドバイスにより伝統や歴史に目を向け、その中からロマンティックなものを探し求めるデザイン活動を始めました。

その後、彼女は「アバンギャルドの女王」と称されるようになり、ファッションの表舞台に一気に駆け上がることになりました。そんな型破りでクリエイティヴな彼女は「美術館に行かない人間なんて信じられない」と言います。
美術館や博物館、図書館には、さまざまな歴史や物語、アイデアが詰まっています。今期は学びが鍵ですから、積極的に足を運びましょう。なにかいいヒントやチャンスを得られるかもしれませんよ！

語学の勉強に海外旅行、プチ留学もいいでしょう。仕事のスキルアップのために資格取得を目指したり、勉強会に参加するのもオススメ。今のあなたならどんなことでも吸収することが可能で、来期には、大きな花を咲かせることが出来るでしょう。
今期は、いつものルーティンワークで満足してはいけません。上を目指すことであなたの世界が変化していくのですから。毎日に流されて、ぼーっと過ごしてはダメですよ。時間がもったいないです。この時期から8年間、あなたは輝かしい未来を手に入れることが出来ます！

仕事

知的好奇心の高まる1年です。学ぶことに年齢は関係ありません。
年齢を理由に、やりたいことを諦めたり、先延ばしにしてはいけません。
歌手だけではなく、女優、さらに香水や洋服のデザインまでマルチにこなすジェニファー・ロペスは「人は常に変わり続けるべきよ。誰だって変わるのは怖い。でもそれじゃ、女は成長しない」と述べています。今期のあなたは、彼女のように変化を恐れずに成長することです。もう1度、諦めていた勉強を再スタートさせるのもいいしあなたが興味のあるジャンルや趣味に没頭するのもいいでしょう。

今期は自分よりも、その道に詳しい人のアドバイスを取り入れることが大切です。常に学びの姿勢を心掛けましょう。この時期、あなたに大きなヒントや刺激を与えてくれるのは、女性。雑誌やテレビなどで憧れる女性をまねて、コーディネイトや立ち振る舞いを参考にしてみては。あるいは、身近にいる尊敬できる女性に悩みを相談したり、アドバイスを乞うのもいいでしょう。

恋愛

好奇心期には、プラトニック、ハイミス、上品すぎる、高望み……と、耳がイタいキーワードが並びます。それはあなたが高い精神力を備えた女性であることを表しているからです。仕事に希望を抱き、もしかすると、あえて恋をしないように自身の恋心を封印してしまうこともあるかも。
そんなあなたに、男性は思わずひるんでしまうかもしれません。あなたは自分自身を厳しく律しすぎる面があります。せっかく好きになりかけた相手を条件的な面で却下したり、愛の告白すら理性で抑えてしまったり。

実は、それがプラトニックな恋愛につながっています。だから、この時期の恋愛はまず恋愛対象として、尊敬できる人を選ぶことが重要です。金銭的なことだけではなく、あなたの知らない世界を持つ人、一緒にいて学べるような関係がベスト。

相手には素直な自分の気持ちを伝えることです。「策士、策に溺れる」といいます。駆け引きや打算を捨て、誠実な態度が、あなたの恋を後押しします。恋することを怖がらずに素直になりましょう。そうすることで、来期の実りのとき、あなたは恋も仕事も実りの多い幸せな時期を過ごせるでしょう。

パートナーのいるあなたは、相手に多くを求めてはいけません。いつも彼を尊重する心を忘れないで。この時期のあなたは、自分にもパートナーにもストイックなまでに完璧さを求めてしまうところもあるかもしれません。相手に対しての不満が溜まっている人は特に！　今期は、学びがキーワード。2人で成長していこうという、温かい見守りの気持ちも大切ですよ。この時期はお互いに尊重し合うこと。それが、さらに相手を思い合えるキーワードです。

Fortune cycle Seat

フォーチュンサイクルシート

あなただけのフォーチュンサイクルシートを作ってみましょう。
次の項目に思いつく限り、書き込んでください。

1 この時期が訪れるのは

　　　　　　　　　　　　　　　　　　　　　　　　　　　　　　　年

2 なりたい自分や欲しいもの、目標は何？

3 2を得るための行動や心がけはどんなこと？

4 過去にあなたが経験したことを確認して
　　さらに前に進んでいきましょう。
　　かつて、この時期を過ごしたのは　　　　　　　　　　　　　　年

5 そのときの印象深い思い出をあげてください。（出来事、人との出会いや言動など）

6 5から得た教訓や成長は何だと思いますか？

好奇心期のキーワード

ポジティブ：知的好奇心、知性、感情、愛、柔軟、シャイ、向学心、学問、留学、旅行、教養、修行、研究、年上、先輩、憧れ、インスピレーション、友情、親切、気品、マナー、エレガント

ネガティブ：潔癖、批判、口うるさい、嫉妬、マンネリ、不機嫌、勘違い、ヒステリック、言い訳

4 実り
bless

幸せな出来事が起こりやすい時期

なんとなく結婚や妊娠のことを考え、誰かと愛を育みたくなるとき。
幸せな時間を過ごすことが出来るでしょう。

この時期のあなたは、何事もいい方向に進みやすいときです。プライベートも仕事もノリノリで、楽しむことが出来るでしょう。だからこそ、急なチャンスにも驚かずにチャレンジすることをオススメします。遠慮してはいけません。あなたは今まで頑張ってきました。今期から4年間、あなたには幸運と愛情運の2つがやってきます！わくわくするようなことがたくさん起こるでしょう。
そんなとき、疲れたからといって家に引きこもっていてはいけません。実り期は出来るだけ、色々なところに顔を出すことでチャンスが倍々で広がっていきます！

「実りの時期は人生の円熟期」といわれるように、仕事でも徐々にあなたのこれまでの努力や実績が実りの時期を迎えそうです。もしかすると、種まきを忘れている人はこの時期に肩すかしを食らうかもしれません。今からでも遅くありません。まずは種まきから始めましょう！

さらに、この実り期は、結婚・妊娠願望が高まりやすいときです。身体も実りやすく妊娠しやすいときでもあるので、授かり婚も多いです。もしも、妊娠を望まないのであれば、慎重に避妊を。恋のトラウマにより、なかなか次の恋を見つけにくかった人も、今期なら運気を味方につけると、素敵な恋人をゲット出来るかもしれませんよ！

また、小さな種から、大きな実へ成長するように、あなたのなかで恋心が膨らんでくる予感です。その種は大切にしてください。

恋多きセレブといえばキャメロン・ディアス。そんな彼女もフォーチュンサイクルの実り期に8歳年下のジャスティン・ティンバーレイクとお付き合いを始めました。キャメロンといえば、ジャスティン以外にもマット・ディロンやジャレッド・レト、さらにはアレックス・ロドリゲスといった大物たちを次々とゲットしてきた恋愛ハンター。そんな彼女がインタビューでこう答えています。「自分の人生には、自分で責任を持つべきだから、自分を幸せにしてくれる白馬の王子様をただ待っているなんてダメ。自分の将来は、自分で切り開いていかなきゃね」。
そうです。王子様を待っているのではなく、あなたから王子様を迎えに行くぐらい、積極的に動いてみましょう！　仕事でも、チャンスを待っているだけではダメ。
今期は、物事に対する前向きな気持ちが大きく人生に影響を持たらします。

仕事

この時期のあなたは、母親のような母性で周りに接してください。そうすることで年上には気に入られ、年下には慕われます。仕事は実力だけではうまくいきません。あなたを応援してくれる人が増えることによって、良い情報が集まり、物事がスムースに進みます。今期のあなたは、自信を持って仕事に携わることが出来ます。この時期と来期はとーーーっても仕事運も好調です！　トライしたいことがあればあなたから率先して動きましょう。

実り期には、単独行動よりチームプレイが大切であることを忘れないでください。実績を出したいからと周囲を出し抜こうとすると、あなたの評判を落としかねません。あなたがリーダーとなって周囲を引っ張っていくと、いい結果を招くことが出来ます。今期のあなたは、なんといっても実りが多く、1人だけで欲張ると、失敗をしてしまいます。収穫した実は、みんなに分け与える余裕を持つことで、さらにあなたのもとには幸福が届けられるでしょう。

今期、仕事が忙しい中で妊娠、結婚を考えないといけない場面があるかもしれません。

妊娠や結婚は、決してあなたの人生を邪魔するネガティブなものではありません。仕事との両立も可能です。不安になっても、今期のあなたなら大丈夫です。疲れたときは「誰にでも落ち込む日はあるし、私にだってあるけど、笑顔は忘れないようにしてるの。笑顔でいると気持ちも晴れてくるのよ」と言うマイリー・サイラスの言葉のように、とにかく笑顔で、流れに身を任せて過ごしましょう！

恋愛

実り期に入ると、恋にご無沙汰な女子も恋愛運がハイレベルまで高まります。「私なんて……」「どうせ無理」といった、ネガティブな言葉は避けましょう。無理に焦ると空回りしてしまうから、あなたのペースで大丈夫ですよ。このときの出会いは、みんなでワイワイする合コンなどに参加するより、知人の紹介や気軽に参加できるアットホームな雰囲気のパーティーの方がいいでしょう。

この時期は、恋愛もスピーディーに展開するときです。出会って3ヶ月で結婚を決めたとしても、この時期のカップルにはアリです。トントン拍子に進みやすいときなので怖がらずに彼と絆を深めましょう。パートナーがこのサイクルに突入していれば、母性的な女性を求めています。例え彼が意のままにならなくても、笑って受け流すぐらいの心の余裕を持って接しましょう。

実り期は、強めのコーデやメイクを避け、ワンピースやきれいなカラーのファッションアイテムを取り入れ、メイクや髪型も手抜きせずに、オシャレを楽しみましょう。また、お料理やお茶、お花などの教室に通うのも恋愛運アップにつながります。カップルであれば、結婚にも良いタイミングですし、すでに結婚しているのなら妊娠にも最適なときです。妊娠、結婚、子育てを終えた方もこの時期は、充実した日を過ごせるでしょう。パートナー、家族を大切にすると、運気も上がります。家族旅行などもオススメです！

Fortune cycle Seat

フォーチュンサイクルシート

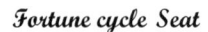

あなただけのフォーチュンサイクルシートを作ってみましょう。
次の項目に思いつく限り、書き込んでください。

1 この時期が訪れるのは

　　　　　　　　　　　　　　　　　　　　　　　　　　　　　年

2 なりたい自分や欲しいもの、目標は何？

3 2を得るための行動や心がけはどんなこと？

4 過去にあなたが経験したことを確認して
　　さらに前に進んでいきましょう。
　　かつて、この時期を過ごしたのは　　　　　　　　　　　　年

5 そのときの印象深い思い出をあげてください。（出来事、人との出会いや言動など）

6 5から得た教訓や成長は何だと思いますか？

実り期のキーワード
ポジティブ：妊娠、出産、子育て、孫、平和、安心、昇進、合格、評価、幸福、成就、達成、成功、偶然、転機、旅行、趣味、習い事、試験、優秀、主人公、注目
ネガティブ：嫉妬、女性がらみのトラブル、婦人科系の病気、ヒステリック、流産、中絶

5 責任
leadership

今までの努力が評価され
責任感が増す時期

あなたは勝利を勝ち取ることが出来ます。どんなこともいい方向へ進むでしょう。

今期のあなたは、いろいろとやらなくてはいけないことが増えて大変かもしれません。今期は、なにかと"カタチ"になりやすいときです。キャリアアップや成功を手に入れることが出来るでしょう。

女優ドリュー・バリモアもフォーチュンサイクルの責任期に、今までの功績が認められ、ハリウッド名声の歩道といわれる「ハリウッド・ウォーク・オブ・フェーム」に彼女の名前が刻まれました。この時期に主演を務め、製作も携わった映画『50回目のファースト・キス』はラブ・ストーリーの最高傑作となりました。

彼女は『E.T.』に出演し、その愛らしさで一世風靡して一躍、天才子役として注目されましたが、そのことでいじめにもあい、荒れた生活を送ることになってしまいます。まさしく、フォーチュンサイクルの試練期である13歳にはリハビリ施設に入所し、変化期のモヤモヤによって運気が低迷している14歳のときに、自殺未遂を起こしてしまいます。
その後、彼女は、たばこ・アルコール・薬物をやめ、アルバイトで生計を立て、オーディションを受ける日々が続きました。フォーチュンサイクルの迷い期には、『プレイボーイ』誌でヌードを披露し、映画の撮影中に知り合ったバーのオーナーと結婚し

1ヶ月足らずで離婚。しかし、その翌年の充実期に彼女はフラワー・フィルムズという映画製作会社を立ち上げ、この時期からバッドガールを抜け出して、完全復活を果たしました。彼女の破天荒な人生もフォーチュンサイクルの運勢にピッタリ当てはまっています。

そんなさまざまな経験を重ねたドリュー・バリモアがインタビューで述べています。「最後には、あなたの最も大きな痛みのいくつかが、あなたの最も大きな力になるのです」。そうです。困難を乗り越えたら、それは必ずあなたの力になるのです。
例え辛いことがあっても、その先には明るい未来が待っています！

フォーチュンサイクルは、人生の羅針盤のようにあなたに進むべき道を教えてくれます。だからこそ、上手にサイクルの運勢の流れを利用し、あなたもたくさんの幸せを手に入れましょう。

☆ 仕事

今期のあなたは、仕事で輝くことが出来るはずです。「リーダーシップ」「実行力」「責任感」「指導力」「高い目標」このすべての言葉が今期のあなたへのメッセージです。責任期は特に仕事が重要な年になります。この1年、あなたは常にそのことを意識してください。そうすることであなたは、成功、チャンス、評価、実績、結果を手の中に収められます。そのため、今期は、なにかとあなたがリーダー的役割を担うことになったり、表舞台に立たされるなど、注目を集めるでしょう。

その際、ストレスやプレッシャーを感じることもあるかもしれません。しかし、今期のあなたは諦めたり、簡単な道を選んで逃げてはいけません。強い意思と信念を持ち目的を達成することです。あなたの地位を固めるのに重要な年だから！

あなたの評価をあげたり、結果を出すために、積極的に行動し、コンペやオーディション、資格試験など受けてみるのもいいでしょう。いつも以上に仕事の幅も広げ、大きな大きなチャンスを掴みましょう！　あなたなら大丈夫ですよ。夢を叶えることが出来るはずです！

恋愛

この時期、あなたは恋よりも仕事を優先してバリバリのキャリアウーマンに徹してしまいそうなところがあります。それは、あなたの責任感から恋をしている暇がないといった感じでしょうか。この時期は、時間の経過が速く、気が付いたら1年が過ぎている感じです。

今期は、仕事も恋も"責任感"が影響するので、現在の恋人と結婚することもあり得ます。それは、親からのプレッシャーや、そろそろお互いに落ち着いた方がいいのではないか、という社会や周囲の目、今まで築いてきた信頼関係に対して責任をとるための手段になるかもしれません。この時期に彼から「そろそろ俺たちも落ち着くか」なんて言われたら、ぜひとも「イエス！」と返事をすること。

もし、あなたが結婚適齢期にも関わらず、彼がまだ結婚を考えてないようなら、あなたからの逆プロポーズもありです。最近の男性は、草食系と呼ばれ、傷つきたくないから自分でプロポーズをしたくない、自信がないから女性から言われたいと思っている人も多いみたいです。8割の男性が「女性からの逆プロポーズもあり」と答えているほど。プロポーズは男性からするものと決め付け、いつまでも待ちぼうけ状態にならないように、あなたも結婚に少しでも興味があれば、さりげなく、彼がその気になるように仕向けてみては？

シングルの人は、年上で頼りがいのある男性や会社経営者、家柄の良い男性、年収の高い男性、あるいは強い個性を持った世の中のルールに逆らったような男性とご縁があります。彼はちょっとワンマンなところがあるかもしれません。しかし、今期のあなたなら、そんな彼が頼もしく思えるでしょう！

また、あなたは、ついつい母性本能をくすぐられ、性格的に問題アリだったり、頼りがいのない男性を「わたしがいなきゃダメなのよ」という責任感からお世話してしまう羽目になるかもしれません。ダメ男に惹かれがちな方は、気を付けないと最大級のダメ男にハマってしまう可能性もあります。

Fortune cycle Seat

フォーチュンサイクルシート

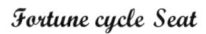

あなただけのフォーチュンサイクルシートを作ってみましょう。
次の項目に思いつく限り、書き込んでください。

1 この時期が訪れるのは

　　　　　　　　　　　　　　　　　　　　　　　　　　　　年

2 なりたい自分や欲しいもの、目標は何？

3 2を得るための行動や心がけはどんなこと？

4 過去にあなたが経験したことを確認して
　　さらに前に進んでいきましょう。
　　かつて、この時期を過ごしたのは　　　　　　　　　　　年

5 そのときの印象深い思い出をあげてください。(出来事、人との出会いや言動など)

6 5から得た教訓や成長は何だと思いますか？

責任期のキーワード
ポジティブ：責任感、リーダーシップ、実行力、発言、旅行、出張、家族、絆、ステップアップ、独立、社長、先輩、ヘッドハンティング、野心、権力、出世、憧れ、臨時収入、マイホーム、上京、ルール
ネガティブ：ニート、引きこもり、挫折、諦め、落胆、落とし穴、堕落、愚か、言い訳、判断ミス

6 支　援
support

人々に救いの手を差し出し
精神的に学びの多い時期

**周囲があなたを支援してくれます。特に年上の人や
上司を大切にすることでチャンスが舞い込みます。**

今期は、学びを乞う姿勢を大切にしてください。周囲があなたをサポートし、いい情報、いい人に巡りあえるでしょう。また、あなたの人生のスキルアップに必要な人に出会え、素晴らしいアドバイザーにも恵まれるでしょう。人とのつながりが大きなチャンスを得る重要な鍵となります。

クリスティーナ・リッチは、このフォーチュンサイクルの支援期に彼女の名前を世界中に広げるきっかけとなった映画『アダムス・ファミリー』の出演を果たしました。このように、支援期は普通の少女がハリウッド名子役スターとなるように、あなたも誰かの支援によって夢を叶えることが出来るかもしれません。この時期は、1人でなにもかも抱えこむのではなく、そのプロフェッショナルな人にアドバイスをもらったり、友人や家族を頼り、あなたのサポートをお願いしましょう。

あるインタビューでコンプレックスについてクリスティーナ・リッチはこう答えています。「私は自分の性格に悩むことがあって、社交的な場が苦手でした。仕事でインタビューなどがあると、その日一晩中、自分の発言や振る舞いに関して後悔したり思い悩んだりしていました。でも、自分のあら探しをしたところで、まったくハッピー

じゃないしプラスにならないな、とあるとき気付いたんです。それから、あるがままの自分でいることがハッピーにつながるんだ、と思うようにしました。だから、自分の欠点ばかり気になるときには、あえて楽しいことをするようにしています」。
今期は、出来ないことを悔やんだり、後悔するのではなく、あなたが得意なことや出来ることを実行し、素晴らしい未来を信じて過ごしましょう！

☆ 仕事

救いを求めたくなったとき、素直になって周囲に頼りましょう！　今期のあなたは良きアドバイスを得られ、援助、サポートが受けられる可能性大です。そのためには、あなたの信用が必要不可欠なのです。日頃の行いや生活習慣を見直しましょう。

この時期に、不正や手抜きなどをしてしまうと、あなたの世界が拡大しやすい2年後のフォーチュンサイクルの突進期の勢いに影響します。さらに5年後に訪れるチャンス期にも関わってきます。だからこそ、この時期をあなたがどう過ごすかが、重大な意味を持っています。

テレビドラマ『フルハウス』で世界的に有名な子役になった双子のオルセン姉妹。彼女達は、フォーチュンサイクルの前進期に、6歳で自分たちのプロダクションを設立し、最高経営責任者に就任。そして、支援期でファッションブランドを立ち上げ、世界最大のスーパーマーケットチェーン「ウォルマート」と提携販売し、爆発的なヒットを収めました。ブランドの年間売上高は、10億ドルを軽く超えているといわれ彼女らの総資産は300億ドル以上だそうです。現在は、2人ともデザイナーとしてビジネスに集中しています。この姉妹も支援期のアクションがキーを握っていたといえます。

今まで、真面目にやってきたのに成果を感じられない、という人は、もう少し柔軟な考え方にチェンジしましょう。あなたの生真面目さや完璧主義が自らを身動きがとれない状況に招く危険性があります。今期は、自分自身を追い込みすぎると空回りしてしまうので、ほどほどに。

恋愛

今期のあなたは、燃え上がるような激しい恋より心が落ち着く穏やかな恋に縁があるでしょう。相手は、一緒にいるだけで心がほどけ、安らげる男性です。気が付いたら恋をしていたというほど、ゆるやかにスタートするでしょう。今期、ご縁があるのは例え年下であっても、あなたをリードしてくれるしっかりした人かもしれないし、年上でも同じ目線で会話が出来る人です。あるいは、あなたの母性をくすぐり、甘えるのが上手なまるで小犬のような人です。あなたはそんな彼から色々なことを学ぶでしょう。そして、本物の愛を手に入れることが出来るはずです。今期は、ギブ・アンド・テイクの恋愛を楽しむでしょう。

そして、この時期は、「伝統的」「世間のしきたり」「ルールに従う」が鍵。両親へのご挨拶・婚約・結婚などを考える出来事が起こるかもしれません。もしも、あなたが不倫や浮気をしているなら、社会的制裁が加えられるかもしれないので、潔く清算した方がいいでしょう。新しい恋に目を向けて。

恋愛関係までなかなか発展しないという人は、あなたの感情をちょっぴり抑え過ぎているのかもしれませんね。彼のお誘いを待っているだけではダメです。あなたからもデートに誘いましょう。奥手で自分からはなかなか動けない人は、友達にアシストしてもらいデートにこぎつけましょう。

来年のあなたは、フォーチュンサイクルの愛情期。24年に１度のラブ＆ハッピーイヤーです。たくさんの幸せがあなたの元へやってきます。だから、将来について不安になったり悩んだりせずに、この１年を楽しく笑顔で過ごしましょう。

… *Fortune cycle Seat*

フォーチュンサイクルシート

あなただけのフォーチュンサイクルシートを作ってみましょう。
次の項目に思いつく限り、書き込んでください。

1 この時期が訪れるのは

　　　　　　　　　　　　　　　　　　　　　　　　　　　　　　年

2 なりたい自分や欲しいもの、目標は何？

3 2を得るための行動や心がけはどんなこと？

4 過去にあなたが経験したことを確認して
さらに前に進んでいきましょう。
かつて、この時期を過ごしたのは　　　　　　　　　　　　　年

5 そのときの印象深い思い出をあげてください。(出来事、人との出会いや言動など)

6 5から得た教訓や成長は何だと思いますか？

支援期のキーワード
ポジティブ：支援、アドバイス、強力、救いの手、悩みの解消、スピリチュアル、自立、ボランティア、恩師、年上、絆、理解者、家族、お見合い、協力、味方、誠実、子育て、結婚、妊娠、スカウト、団体、合宿、ホームパーティー、カフェ、植物、ペット
ネガティブ：貢ぐ、ローン、裏切り、不誠実、逃亡、拒否、減少、陰気、内向的、消極的、人見知り

7 愛情 love

愛に包まれたやさしい時期

**恋のキューピッドがいつもあなたの周りに待機しています。
愛に満ちあふれた年になるでしょう。**

ようこそ、愛の世界へ！　今期のあなたは、「愛」がキーワードです。今までシングルだった方は、今期こそ「恋人に出会う！」という強い意思を持って行動を起こしましょう。年齢、立場、職業、国籍など一切関係なく、今期は、恋に落ちる可能性を広げてください。

映画『タイタニック』の主題歌『マイ・ハート・ウィル・ゴー・オン』で世界的大ヒットを飛ばした、実力派女性アーティスト、セリーヌ・ディオンも26歳年上の夫レネ・アンジェリルとの間に、フォーチュンサイクルの愛情期で第1子を出産しています。6年もの間、あきらめずに不妊治療を続けた結果だそうです。このように愛情期は、結婚、妊娠、出産という幸せな出来事が起こりやすいとき。セリーヌ・ディオンは、この結婚を母親から大反対されていました。その理由とは、彼が26歳も年上でしかも2度の離婚歴があり、前妻との子供が3人もいたからです。そんな彼女は彼との仲を認めてもらうため、母親に「愛は必ず勝つのだから」と言ったそうです。

あなたの愛も最強です！　恋のチャンスは今期はいつにもなく、多めです。だからこそ、幸せの基準をお金や社会的地位で決め付けないでください。恋の相手を、条件だけで絞ってしまうことがあなたのチャンスを狭めています！　シンプルに愛し合うこ

とが出来る相手を選んでください。今まで恋から遠ざかっていたのであれば、気軽な気持ちで男性と食事に行ったり、デートにも誘いましょう。今期は、素直な気持ちが大切。彼の愛をコントロールしようと、無駄な駆け引きをするのは野暮です。まず彼を愛し、大切にするお手本を見せてあげましょう。そうすると、彼もあなたの好意に応えてくれるでしょう。今期は、たくさんの幸せがあなたを待っています。

仕事

今期は「愛の年」とお伝えしましたが、恋愛だけではなく、仕事でも良きパートナーや同僚との出会いを暗示しています。しかし、現実は、もしかするとムカつく上司や出来の悪い後輩に囲まれ、イライラが治まらない日もあるかもしれません。
そんなときこそ、あなたが愛情を持って接することで物事は好転するでしょう。批判や、傷つけるようなことをヅケヅケと言ってしまうと仕事や人間関係に悪影響を及ぼし、後々まで引きずることとなるでしょう。今期は、なんといっても仲良く団結することでいい結果に導かれます。

愛の反対語は、無関心です。関心がなければ、相手になにがあっても、手助けをしようという気にもならないでしょう。職場では、自分の仕事だけやっていればいいわけではなく、やはり、困ったときにはお互い助けあえる関係が理想です。そうでなければ、人間関係が殺伐としたものとなってしまいますよ。仕事の能力や自分に対する言動だけで、人間を評価するのは聡明ではありません。多くの指導者が愛読する『人を動かす』の著者デール・カーネギーは「もし1日だけ親切にし、思いやりを示すことができれば、もう1日続けることができる。1銭もかからない。今日からはじめよう」と述べています。相手に望む姿勢を、まずは自分から示しましょう。いつしかあなたの元には、あなたの味方や協力者が集まってくるはずです。

恋愛

24年に1度の大恋愛期です。このときばかりは、あなたのそばに常に恋のキューピッドが待機しています。どんなときに出会いがあるかわかりません。偶然が運命の

7 愛情

赤い糸をたぐり寄せることになるかもしれません。シングルの人は、今期こそ恋人を作るチャンスです！

好きな相手もいない、という人はとにかく色々な所に出かけましょう。今期は、様々なところに出会いのチャンスが待っていますから！　なんといっても、あなたは24年に1度の大恋愛期。イタリア人女性は、しばらく歩いていて男性から口説かれなかったり、称賛の口笛を吹かれなかったら、家に帰って魅力的な洋服に着替える、といいます。あなたから相手を誘惑するくらいの意思を持って、今期はイメージチェンジを図ってください。また、この時期に恋の駆け引きは状況を悪くするだけ。相手がいないのに、薬指にリングをしたり、わざとメールの返信を遅らせたり、忙しいふりをしたり。こういったことは、あなたの価値を高めず、面倒くさい女と認識されてしまうだけです。

カップルの場合だと、相手があなたに対して結婚の意思が芽生えたり、プロポーズを決意するときです。この時期に結婚を決めたいのならば、楽しい思い出を作るため、喧嘩をなるべく避ける努力をして。彼の好きな料理を振る舞い、さりげなく家庭的な面をアピールしましょう。あなたのことを大切な存在だとインプットさせ、この先もずっと一緒にいたいと思わせるのです。

長い付き合いのカップルは、新しいことにチャレンジするといいでしょう。海外旅行をはじめ、アクティブにスキューバダイビングや乗馬、そば打ちや陶芸体験などもいいでしょう。長い付き合いだからと甘えてしまい、彼の前でみっともない姿のままで過ごしたり、平気でゲップやオナラをするといった、女性らしさを疑われるような言動は幻滅ポイントにつながり、千年の恋も冷めてしまうかもしれません。

夫婦の場合は、交際を始めた頃の甘い気持ちを思い出してください。そんなこと忘れてしまったなんていわずに、話題のレストランでのディナーや、彼へのちょっとしたサプライズギフトを選んだり、昔2人でみた映画をDVDで鑑賞したり、大好きだったバンドのコンサートに出かけることで、ラブリーな気分を盛り上げます。恋人気分を思い出すことで、2人の絆がより深まります。

Fortune cycle Seat

フォーチュンサイクルシート

あなただけのフォーチュンサイクルシートを作ってみましょう。
次の項目に思いつく限り、書き込んでください。

1 この時期が訪れるのは

　　　　　　　　　　　　　　　　　　　　　　　　　　　　　　年

2 なりたい自分や欲しいもの、目標は何？

3 2を得るための行動や心がけはどんなこと？

4 過去にあなたが経験したことを確認して
さらに前に進んでいきましょう。
かつて、この時期を過ごしたのは　　　　　　　　　　　　　　年

5 そのときの印象深い思い出をあげてください。(出来事、人との出会いや言動など)

6 5から得た教訓や成長は何だと思いますか？

愛情期のキーワード

ポジティブ：恋愛、両思い、以心伝心、偶然、告白、結婚、出産、妊娠、報告、幸せ、海外、ペア、笑顔、突然、趣味、ドライブ、行動、果物狩り、スイーツ、手料理、同棲、引越し

ネガティブ：浪費、嫉妬、執着、依存、不倫、涙、孤独、不安、物忘れ、情緒不安、苦痛

8 突進
victory

当たってくだけろ！
突進することで道が開ける時期

**多方面から声がかかり忙しく動き回るとき。
今までの努力が勝利を導き、さらにあなたの勢いが増すでしょう。**

この時期のあなたは、忙しく動き回ることになるでしょう。今とは異なるジャンルの仕事が舞い込んで来たり、新しいクライアントとの仕事がスタートしたり。あるいは大役を任され、出張に飛び回るなど、多忙になるかもしれません。この時期は、あなたの顔を売る絶好のチャンスです。仕事でも恋愛でも動き回ることがポイントです！

レオナルド・ディカプリオの元カノとして知られ、ビジネスの手腕を発揮し、大成功を収めたのがモデルのジゼル・ブンチェン。米誌『フォーブス』のスーパーモデルの長者番付では、2012年の年収で1位は4200万ドルで、9年間も1位をキープしています。2位のミランダ・カーには6倍以上の圧倒的な差をつけ、セレブリティの存在感を見せつけています。

そんな彼女はフォーチュンサイクルの突進期に、故郷であるブラジルからにニューヨークへ移住し、本格的にキャリアをスタートさせています。まさしくフォーチュンサイクル通りに、活動や行動範囲を広げることが出来たからこそ、彼女は栄光を手にしたのでしょう。

彼女があるインタビューでこう答えています。「私の顔のどこが好きかって？　そば

かすね。なにが嫌いって？　嫌いなところはないわ。うぬぼれているわけではないわよ。私は良いところも悪いところも受け止めているの」。彼女のように、コンプレックスもあなたの個性だと受け入れることが出来れば、あなた自身も楽になり、無理することなく、ありのままのあなたでいられるようになれます。自分の魅力は自分では気付かないことがあります。これからは、コンプレックスを悩むのではなく、あなた自身を愛し、自尊心を高めましょう。

仕事

ハードワークが実を結ぶときです。あなた自身もやりがいを感じることが出来、上司からも一目置かれて、後輩からも尊敬の眼差しで見られるでしょう。この時期のあなたは、果敢に挑戦することが鍵です。だけど、体を壊すほどの無理は禁物！　倒れたときには、すべてを失ってしまいます。タフな精神力と健康的な体が資本です。ブレない心をつくるために、瞑想や無心になれるランニングなどがオススメです。

今期のあなたは、ハードなスケジュールもこなすことが出来るように心身ともに定期的なケアが必要です。我慢し、ストレスを溜め込んでしまうと一気に爆発してしまう恐れがあります。目的を達成するには、入念なリサーチと綿密な計画が重要です。与えられた仕事を成功させるために邁進してください。迷っている暇なんてありません。もう既に、あなたの目の前に進むべき道が現れているはずです。

しかし、つい暴走してしまうと自分でも歯止めが利かなくなってしまいます。ときには、司令官である上司の指示を仰ぎ、間違った道へ進まぬよう、冷静な判断も忘れずに。また自己判断の見切り発車をしてしまうと、今後の人間関係に悪影響を及ぼしてしまうかもしれません。味方がいることを忘れずに、キャパオーバーなときは1人で抱え込まずに、周囲にサポートをお願いしましょう。

fortune cycle
8
突進

恋愛

ゴールを目指して、ばく進する1年になるでしょう。今期のあなたは、前に進むしかありません。合コンやイベントなどに参加したり、友達に紹介のお願いをしてみましょう。職場でのチャンスもありますから、社内の男性や会社に出入りする取引先の方なども恋人候補として再選考してみては？ 気になる彼にはさりげなく彼女ナシか独身かを確認して、連絡先の交換を忘れないようにしてください。

この時期のあなたには、お金持ちや地位や権力を持った男性とご縁があります。だからこそ、既婚者や結婚願望が全くない男性に気を付けてください。お金があるからと打算で不毛な恋を始めてしまうと今期のあなたは、恋の衝動を抑えきれないところがありますので引き返せなくなってしまいます。気になる彼が現れた場合は、玉砕覚悟で当たって砕けろ！ あなたから、食事やデートに誘い、とにかく彼と会う機会や接点を持つように努めましょう。彼にとって、かけがえのない大切な存在になれるように、ファイト！ しかし、彼の返事が素っ気なかったり、リアクションがなかったり体の関係だけを求めてくるといった場合は、さっさと方向転換しましょう。1人にしがみついて、ウジウジするよりも、新しい可能性をどんどん探して。

カップルの場合、次のステップを目指すとき。2人きりの旅行や同棲、結婚。この先も関係を続けるために、目標を定め、そこに向かって突き進むべきです。今すぐ、結婚！と結論を急がずに、将来のための貯金や友人や家族に紹介するステップを踏むことも重要です。夫婦の場合はいつも以上に、エンジョイしましょう。2人で共通の趣味に打ち込むことも良いし、楽しいデートを計画しましょう。仕事にいそしむ可能性もありますが、それはこの時期には仕方のないこと。一緒に過ごせない時間の穴埋めやフォローは忘れずに。もしも、相手が突進期に入っているのであれば、集中して仕事に打ち込めるように、アシストしてあげて。

Fortune cycle Seat

フォーチュンサイクルシート

あなただけのフォーチュンサイクルシートを作ってみましょう。
次の項目に思いつく限り、書き込んでください。

1 この時期が訪れるのは　　　　　　　　　　　　　　　　　　　　　　年

2 なりたい自分や欲しいもの、目標は何？

3 2を得るための行動や心がけはどんなこと？

4 過去にあなたが経験したことを確認して
さらに前に進んでいきましょう。
かつて、この時期を過ごしたのは　　　　　　　　　　　　　　　　　　年

5 そのときの印象深い思い出をあげてください。(出来事、人との出会いや言動など)

6 5から得た教訓や成長は何だと思いますか？

突進期のキーワード
ポジティブ：前進、勝利、力強さ、行動力、移動、突進、素早く、スポーツ、乗り物、旅出張、車好きな男性、アクティブな男性、リードする、直感、トキメキ、デート、食事会遊園地、ホテル、ゴージャス
ネガティブ：トラブル、乱暴、罰金、暴言、イライラ、興奮、深酒、借金、紛失、危険事故

9 バランス
balance

2つのことをやり遂げる
バランスが大切な時期

まるであなたは天秤のよう。
公平にバランス良く2つのことをやり遂げないといけないとき。

この時期は、すごく忙しくなりそうです。バランス期は、2つのことを同時にやり遂げる、国内・海外を飛び回る、2つのプロジェクトを任される、2人の男性で悩む、家庭と仕事の両立、2つの喜ばしいことが起こる、などなどこの時期は、「2つ」「2人」「両立」「両方」といった言葉が鍵となります。そして、それはまるで天秤のよう。どちらかに比重を置いてしまうと、一気にバランスを崩して倒れてしまいます。この時期はバランスを保つことを心掛けて。

映画『タイタニック』のヒロイン、ローズ役で一躍知られるようになったケイト・ウィンスレット。彼女は、このフォーチュンサイクルのバランス期に映画『レボリューショナリー・ロード/燃え尽きるまで』『愛を読むひと』でゴールデングローブ賞、主演女優賞（ドラマ部門）、助演女優賞をダブル受賞しました。

彼女はインタビューでこう答えています。「私は情熱的なスピリットを持った決断の堅い人間よ。母親でいることと、仕事をしていることで、私はその情熱を形にしていける。夢を実現させることが出来るの」。彼女のように今期は、強い意志とバランスコントロールが必要です。

今期のあなたは、なによりも公正さに従ってください。常に誰かがあなたの行動をチェックし、あなたという人物を判断、評価していることを忘れてはいけません。それは同僚や、友人、家族、恋人、通りすがりの誰かかもしれません。あなたの身勝手な行動や意地悪な言動は、すべてあなた自身に返ってきます。なにより今期は、正義によって裁かれやすい年なので、ちょっとした話題のつもりで口にした噂話が、本人の耳に入り問い正されたり、これくらいいいだろうと手を抜いたことが周囲にバレていたり、気になるライバルを抑えつける態度が逆に周囲に引かれてしまうことも……。

また、長く続いた浮気や不倫関係がバレていないから安心していても、正義の女神はお見通しなので注意して。小さなウソがトラブルを招く可能性があります。下手なウソをつくより、真摯な態度が大切です。なにもかも失う前に日頃の行いを見直しましょう！

仕事

弁護士が付けているバッチには、天秤が描かれています。これは「公平と平等」のしるしです。この1年は、天秤がキーワードです。今期は、公正さを大切にしてください。職場で不正を疑われるようなこと、やましい行為が発覚すると、トラブルや事件にまで発展してしまうかもしれません。良心に従って行動することを忘れないでください。この時期は今までやってきたことに評価が下される年でもあります。

今までの努力が実り、ますますヤル気になる人もいるでしょう。逆に、どうしてこうなっちゃったの？と途方にくれる人も……。もし、今までのやり方が評価されない場合は、仕事に対する取り組み方を少し考え直す必要があるかもしれません。やりたくないことを後回しにしていると、それは自分の大きな負担となって返ってきます。また、自分の利益や損得ばかりを計算していると、周囲から孤立してしまう恐れがあります。ギブ・アンド・テイクの関係を守ってください。今期、どれだけ誠実に仕事をしたかによって、来年からのステップに大きな差が生まれます。

この時期は機械的な公正さではなく、正義、良心というものが必要不可欠です。例えマニュアルから外れたとしても、良心に従って行動してください。あなた自身の常識

や根本的な考え方が人に厳しく評価されるときです。また、天秤のように、2つの大きなプロジェクトを任されたり、副業をスタートさせたり、2つの仕事を持つかもしれません。今期は忙しくて、自分がなにをしているのかわからなくなるほど。仕事がパンパンに入ってくる可能性もありますが、それは、今のあなたに必要。色々なことをやり過ぎて心配になるかもしれませんが、自信を持ってトライして。再来年の24年に1度のチャンス期がさらに広がるでしょう!

恋愛

とにかく相手に誠心誠意を貫くこと。せっかく付き合ったのに、ルックスやお金、仕事といった条件ばかりに目を奪われていると、相手もあなたの体、見た目や若さだけしか見てくれなかったという、不毛な結果に終わります。たくさんの人に恋の種まきをするのではなく、しっかり向き合って、アプローチをしてください。たくさんの人にモーションをかけていると、気付いたら女友達からひどいレッテルを貼られていたり、男性から遊びの対象としか見てもらえません。この時期、軽い気持ちで浮気や不倫をしたら、相手の奥さんにあなたの秘密を家族や職場に密告された上、証拠を突き付けられ、慰謝料を請求されるといった制裁も考えられます。ムードに流されて関係を持ってしまうとあなたの悩みの種を増やすことになります。今期は、いつになく、周囲の男性に目が移りやすく、同時に2人の男性を愛することも。厄介なことになる前に踏みとどまるよう自制して!

もしくは相手の好意を弄んだら、ストーカー被害に遭ったり、出会い系サイトやネットを通じて知り合った人から危害を受ける上、携帯サイトで高額請求されてしまうことも。それらはすべて、あなたが原因で起こることです。今期は言動に責任を持って過ごしましょう。パートナーがいる場合は、あなたの態度で相手の心が動きます。心ない言葉には心ない態度で、心のこもった態度には心のこもった対応がかえってきます。相手の態度を変えたいのであれば、あなたが変わりましょう。また、今まで別れに踏ん切りがつかず、ダラダラと付き合っている人は、今期、冷静な目で彼を判断してください。惚れた弱みで浮気にも我慢しているようであれば、話し合って解決するか、スッパリ別れましょう。

Fortune cycle Seat
フォーチュンサイクルシート

あなただけのフォーチュンサイクルシートを作ってみましょう。
次の項目に思いつく限り、書き込んでください。

1 この時期が訪れるのは

　　　　　　　　　　　　　　　　　　　　　　　　　　　　年

2 なりたい自分や欲しいもの、目標は何？

3 2を得るための行動や心がけはどんなこと？

4 過去にあなたが経験したことを確認して
さらに前に進んでいきましょう。
かつて、この時期を過ごしたのは　　　　　　　　　　　年

5 そのときの印象深い思い出をあげてください。(出来事、人との出会いや言動など)

6 5から得た教訓や成長は何だと思いますか？

バランス期のキーワード
ポジティブ：両立、正義、規則、対等、誠実、真面目、行動、気配り、公正、入手、2つ、希望、手段、出張、旅行、留学、帰省、地元、家庭、仕事、再会
ネガティブ：不倫、浮気、二股、不公平、理不尽、噂話、借金、ローン、不安定、破綻、事故、詐欺、罠、暴力

10 思慮
preparation

コツコツ地道に確実に
ゆっくり物事が動く時期

**来年のあなたにはとっても嬉しいサプライズが待っています。
今期は、そのための準備をするとき。**

今期のあなたは派手なこと、華やかなことよりも、一見地味で周囲にも目立たないような状況に身を置くことになります。それは、今までの生活とギャップがあるほど、孤独で寂しく、どこを目指せばいいのか道に迷ってしまうかもしれません。たくさんの人に囲まれてチヤホヤされるといった楽しいことよりも、地道にコツコツと行う努力が強いられるときです。

米誌『ビルボード』が発表した、2013年最も稼いだミュージシャン部門で栄光の1位に輝いたテイラー・スウィフト。弱冠24歳にして年間約41億円を稼ぎ出した彼女もこのフォーチュンサイクルの思慮の時期にデビューのチャンスを掴み、地道にレコーディングし、思慮期の次の年、チャンス期でデビューシングルとデビューアルバムをリリースしました。アルバムはビルボードの総合アルバムチャートに19位で登場し、発売後の1週間で6万1000枚以上を売り上げ、その後、カントリー・アルバム部門では1位を獲得しました。

彼女は、頑張る人にこんな言葉を贈っています。「今までの人生で学んだレッスンは今を知っていることよりも、未来を知ろうとすることよ」。つまり、現状ばかりを見るのではなく、今の自分が作り上げる未来を見据える姿勢が大切だということです。

今期は、「この努力が無駄になるかも」「この先どうなるのだろう」という不安より、未来のために行動しましょう。童話『アリとキリギリス』のキリギリスが、やがて冬がくるということを知っていても遊びほうけたでしょうか？　きっとアリのようにセッセと冬支度に励んだはずです。今期のあなたも楽しい日常を離れ、自分の未来のための準備を始める必要があります。

誰かと過ごす時間よりも、自分だけの時間をしっかり持つことが重要です。この時期には、ネットワークを増やすより、自分の引き出しを増やす作業が今後の人生に大きく関わってきます。興味のあること、任された仕事には全力で挑みましょう。苦しい作業をすればするほど、高みに近づき、山頂に辿りついたときに見える景色は格別。そこであなたを待つ人はより力のある人です。人生のステップアップに重要な思慮期はコツコツと努力を重ね、自分という人間を大きくすることに集中してください。

仕事

この1年は地味な印象かもしれません。今期は、来年訪れる24年に1度のチャンス期のための準備期間。忍耐の必要な年でもありますが、この時期にどれだけ自分をレベルアップさせたかによって、大きくあなたの人生は左右されます。努力はすればするほど実りやすくなるので、周囲からのヤジや雑音は気にせずに、自分の信じる道を突き進みましょう。今の仕事以上にやりたいことがある場合は、その道につながるように種まきを。あなたの憧れの人からアドバイスをもらうといいでしょう。

今期は、あなたがどれだけ努力するかによって出会う人の質も変わってきます。自分を高めるため、向上心を持って生活すれば、チャンスを与えてくれるような人に出会えるでしょう。だから、ストレス解消で深酒や深夜まで遊んでいると、来年のチャンス期はいつもと変わらない1年に。今期ほどチャンス期に影響する年はないのです。

また、将来の不安とプレッシャーで周囲に冷たい態度をとってしまうことがあるかもしれません。いじめにあった経験を持つテイラー・スウィフトも言っています。「どんな事が起こっても人には優しくしなさい。それは後々、あなたの大きな財産となるから」と。今期に出会う人、仕事はすべて未来に影響を与えるヒントです。今期はどんなことにも弱音を吐かずに頑張って！　すると、来年のチャンス期に必ず勝利を手にすることが出来るでしょう。

恋愛

思慮期のあなたは、まるで隠者のように何事も深く考えてしまう傾向にあります。隠者とは、思慮深い人です。好きな人が出来ても、「彼には彼女がいるのではないか」「私のことはタイプではないのではないか」などと、考えだしたらキリがありません。

今期のあなたの行動は、来年のフォーチュンサイクルのチャンス期につながります。来期は24年に1度のハッピーイヤー。この時期に恋人をゲットしたいなら、地道なアプローチが効果的です。彼のちょっとした変化にも気付いて、声をかけてあげて。あからさまな愛情表現よりも、恋人の心に寄り添うような柔軟な姿勢が、彼の心にヒットするでしょう。

パートナーがいる場合は、ついつい彼の浮気を勘ぐったり、あなた自身も元カレに連絡を取ってしまうといった、浮気心が芽生えそうな出来事が起こる可能性があります。もし、モヤモヤした気持ちが続いてしまう場合は、なぜなのか、なにに起因するのか自分の心に問い正してください。

子供を考えているカップルは、まさに準備期間です。ただし、今日が妊娠しやすい日だからと愛し合うことが任務や業務みたいになってしまうと、彼もうんざりしてしまいます。彼好みの下着やパフュームで雰囲気を盛り上げたり、優しくマッサージをしてあげたり、ムードづくりを大切にして！

Fortune cycle Seat

フォーチュンサイクルシート

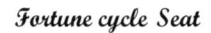

あなただけのフォーチュンサイクルシートを作ってみましょう。
次の項目に思いつく限り、書き込んでください。

1 この時期が訪れるのは

　　　　　　　　　　　　　　　　　　　　　　　　　　　　　年

2 なりたい自分や欲しいもの、目標は何？

3 2を得るための行動や心がけはどんなこと？

4 過去にあなたが経験したことを確認して
　　さらに前に進んでいきましょう。
　　かつて、この時期を過ごしたのは　　　　　　　　　　　年

5 そのときの印象深い思い出をあげてください。(出来事、人との出会いや言動など)

6 5から得た教訓や成長は何だと思いますか？

思慮期のキーワード
ポジティブ:有意義、下積み、準備、オーディション、結果、夢、合格、幸せ、夢中、努力、下調べ、学び、面接、紹介、考える、個性、信じる、集中力、転換、報告、移動、謙虚、1人の時間
ネガティブ:悩む、騙す、不倫、浮気、したたか、計算、閉鎖、偏屈、孤独、嘘

11 チャンス
chance

チャンス到来！
今までの努力が報われる時期

最高のときがやって来ました！
あなたは24年に1度のチャンスを手にすることが出来るでしょう。

今期のあなたには、きっと素晴らしいチャンスが巡ってきます！ 24年に1度しかないチャンス期です。その瞬間を決して逃してはいけません。「チャンスの女神は後ろ髪がない」と言われるように、迷わずにチャンスを掴みましょう。迷っている間にそのチャンスはどこかに去ってしまいます。今期は奇跡が起こりやすい年なので、自分の可能性を信じてチャンスの扉を開いて！

スーパーモデルのケイト・モスも、このフォーチュンサイクルのチャンス期に結婚を決めました。それまでの彼女は、なにかとスキャンダルばかりが目立っていましたがこの結婚をきっかけに彼女は幸せオーラを放ち、ダークなイメージを払拭しました。そして、彼女のセンスが溢れる結婚式の様子が世界中の雑誌で特集されたのです。

そんな酸いも甘いも噛み分けた彼女の言葉「他人になにを言われようと関係ない。私は私。自分でやるべきこと、信じていることをするの」を参考に、この時期を迎えたあなたもやるべきことを信じて、ちゃんとあなたらしく過ごすように心掛けましょう！ 今期のあなたには必ず幸せの女神が微笑むようなサプライズが起こること間違

いなしです。それほど、とーーっても素敵なチャンス期なのですから、1日1日を無駄にせず、大切に過ごしましょう！　今の時期にグズグズしていると、あなたの夢の実現に、さらに時間がかかることになってしまいます。一見、ネガティブに思えるような出来事が起こっても実は、あなたにとって転機かもしれませんよ！　この時期に起こることは、すべてあなたにとって必然で大切なメッセージです！

仕事

今期は、変化、チャンスに敏感になってください。どんな状況でも、変化を受け入れることです。23歳の若さにしてアカデミー主演女優賞に2度ノミネートされ、2013年には早くもオスカー像を手中におさめた実力派女優のジェニファー・ローレンスもこのチャンス期からテレビドラマに出演し、デビューを果たしました。そして翌年、フォーチュンサイクルの実力期の17歳のとき、映画『あの日、欲望の大地で』でヴェネチア国際映画祭新人賞を受賞。演技の訓練は一切受けたことのなかった彼女ですがこの作品の演技で"メリル・ストリープの再来"と絶賛されました。

彼女は自身の成功について「自分は有名になるってちゃんと予想していたわ」と述べています。そう、どこからともなく湧き出てくる自信こそ、あなたの魅力をさらに引き立ててくれるものです。今期は、思いがけない異動があったり、環境が変わったり驚くような変化が訪れるかもしれません。あなたはそれについていけるでしょうか？不意にやってきたチャンスを前にして「私にやれるだろうか？どうしよう」と考えている間に、誰かの手に渡ってしまいます。今期のあなたは、変化を受け止め、向き合うことで、素晴らしいケミストリーが起こります。仕事のステップアップ、転職にも縁のある1年です。思いきって独立・起業という展開もありえます。

常に私服のコーディネイトセンスがフィーチャーされるケイト・モスは「好きなことは、イメージを創ること」と語ります。ショーモデルのなかでも小柄で完璧な顔立ちとはいえない彼女は、独特なファッションスタイルとポージングであのオーラを作り上げ、今もトップモデルとして活躍しています。引き寄せ力を高めるためには、明確なビジョンを持つことが大事。24年に1度のチャンス期を逃さないためにも、未来をイメージし、創り上げてください！　今期のあなたはいつも以上にパワフルです。

fortune cycle **11** チャンス

恋愛

素晴らしい出会い、電撃的な結婚といった運命的な出来事も起こる可能性が高いときです。付き合って間もないのに、プロポーズをされて戸惑ったとしても、それは必然です。恐れることなく、今期は何事も楽しんで。相性というものは、過ごした時間の長さだけでは計れません。この人だ！と感じる自分の直感を信じてください。

シングルの人は、出会いの場へ飛び込んでください！　チャンスの時期なので、自分から動くことで、多くの出会いがあなたのもとへ訪れます。じっーと待っていては、恋のチャンスが激減してしまいます。仕事のストレスや淋しさをペットや趣味で埋めてはいけません。このチャンス期を逃すと、今後はますます出会いを見つけることに努力が必要となってしまいます。

パートナーがいる場合、今期に彼から別れを告げられるようなことが起こっても大丈夫です。あなたには、まだまだたくさんのチャンスが訪れますから。

もし、なかなか結婚に踏み切ってくれない相手と長く付き合っているのであれば関係を見直しましょう。世間からのプレッシャーではなく、結婚したいと素直に思うなら彼にプッシュして。その願いを叶えてくれない相手との交際をこれからも続けていくかは、あなた次第ですが。目の前の彼だけに依存したり、執着することは避けましょう。長く付き合った相手との別れは難しいかもしれませんが、あなたか彼が変わらない限り、現状を抜け出すことは困難です。いつだって新しい恋の可能性は見逃さないでください。

夫婦の場合は、大きな変化がやって来そうです！　転勤や海外赴任、昇進や独立、新しい家族の誕生、子供の受験が成功するなど、とにかくなにかが始まりそうな予感です。そしてその出来事にあなたはワクワクする反面、ドキドキするかも。しかし、物事は好転していると受け取ってよさそうです。

Fortune cycle Seat
フォーチュンサイクルシート

あなただけのフォーチュンサイクルシートを作ってみましょう。
次の項目に思いつく限り、書き込んでください。

1 この時期が訪れるのは

　　　　　　　　　　　　　　　　　　　　　　　　　　　年

2 なりたい自分や欲しいもの、目標は何？

3 2を得るための行動や心がけはどんなこと？

4 過去にあなたが経験したことを確認して
さらに前に進んでいきましょう。
かつて、この時期を過ごしたのは　　　　　　　　　　年

5 そのときの印象深い思い出をあげてください。(出来事、人との出会いや言動など)

6 5から得た教訓や成長は何だと思いますか？

チャンス期のキーワード
ポジティブ：運命、結婚、妊娠、出産、同棲、幸福、奇跡、可能性、優位、再会、始まり、好機、実現、転職、フリー、旅行、イメチェン、愛情、年下、計画、発表、勇気
ネガティブ：反抗、憂鬱、過剰反応、めまい、不安、神経質、過信、適当、因縁、カルマ、後悔

12 実力
capable

実力、権力を手に入れ次のステップを考える時期

**評価や地位や名誉を手に入れることが出来るとき。
ここ数年であなたは確実にステップアップしました。**

今期のあなたは、前期のチャンス期の強い影響を受けます。
そのため、去年の出来事、出会った人、訪れた場所など、なにもかもが、あなたの人生のヒントになります。しかし、同時にあなたは来期から5年間、成長が促される修行のシーズンに入ります。それを乗りきるには、少しばかり気合いが必要で、大変なことが起こるかもしれませんが、この時期をどう過ごすかによって数年後の希望期、充実期、決断期、運命期に、とても大きな変化が持たらされます。
だからこそ、実力期はあなたの人生の土台作りの1年にしなくてはいけません。人間関係、職場、あなたに関わるすべてのことを見直す必要があります。

オスカー女優ハル・ベリーも、フォーチュンサイクルの実力のとき、ミスUSA 2位ミス・ワールド6位に入賞しました。彼女もフォーチュンサイクルにぴったりの行動をとっています。フォーチュンサイクルのチャンス期にコンテストにエントリーし、実力のときに結果を出しました。
そして、数年の修行の時期を終え、今までの苦労が実りやすいフォーチュンサイクルの実り期に映画『チョコレート』に出演。この作品でアフリカ系アメリカ人として初めてのアカデミー主演女優賞を受賞し、快挙を成し遂げました。そして、仕事の結果

が出やすいフォーチュンサイクルの責任のときに、映画『007ダイ・アナザー・デイ』でボンドガールを務めました。

さらに、妊娠しやすいフォーチュンサイクルの変化のときに46歳で妊娠をしました。色々な困難にもめげず、常に前へと進んで来た彼女は「地獄を見ても突き進む。私の信条よ。前進あるのみ」と語っています。今期のあなたには、権力、地位や名誉だけではなく、プレッシャーや責任も伴うでしょうが、あなたはそんなことにも動じてはいけません。ハプニングや物事が上手くいかないことも楽しむのです。どんなときもポジティブに余裕を持って対応すること。そうすることで、あなたはさらに飛躍できるでしょう！

仕事

今期は、特に周囲を注意深く観察することが必要です。それぞれの向き・不向き、得意・不得意を見極め、上手にコントロール、もしくはサポートをしなくてはいけません。力づくでコントロールすると、あなた自身にトラブルが襲いかかってきます。どんなことが起こっても、大きく構えて慌てないで。あなたが動揺してしまうとドツボにはまる恐れがあります。

活躍の場が広がるフォーチュンサイクルの突進のときに、映画『キャットウーマン』でゴールデンラズベリー賞の最低主演女優賞に選ばれてしまったハル・ベリー。ゴールデンラズベリー賞とは、その年最低の映画に贈られる賞で、この不名誉な賞のトロフィーを受け取りに来る人なんていなかったのですが、なんと彼女は、授賞式に現れ自分のアカデミー賞受賞スピーチのパロディを演じ、さらに涙まで流してみせました。

そのことによって、観客から大喝采を浴び、彼女は株を上げました。受賞式に訪れた理由を聞かれた彼女は「胸を張って負け犬になれない者は勝者にもなれないと、子供のとき、ママに言われたの」と答えています。この時期のあなたもハル・ベリーのようにどんなことにも肝を据えて信念を曲げないで。これからのあなたには、自分を強く信じ、「私なら出来る！」と魔法をかけることが必要です。

恋愛

調教師のように、アメとムチの使い方がポイントになる時期。パートナーがいる場合は、どれだけ彼を上手くコントロールし、サポート出来るかで今後の人生が変わってきます。彼の願いが叶うようにあなたが上手くリードし、アシストするのが鍵です。

早起きが苦手な彼にはモーニングコールをする。不健康な食生活の彼には時々、手料理を食べさせる。彼の興味や仕事に役立ちそうな情報をさりげなく教える。落ち込んでいる彼の話をただひたすら聞いてあげる。でも、「こんなにしてあげているのに！！」などと言動に表さないよう、気を付けてください。

今期は、あなたが彼のサポート役にまわり、彼が不機嫌でも悩んでいるときも母親のように親身になって、そばにいてあげましょう。結婚へのステップアップの年になり得るときです。だから、結婚に焦って、あれこれ彼への指図や「結婚！結婚！」とあなたから猛プッシュすると彼の気持ちが萎えてしまうでしょう。

あくまでも、彼をその気にさせて、この時期は、彼からのプロポーズを待つしかありません。夫婦の場合は、いつもよりも2人の時間を作るようにしてください。コーヒーを1杯、向き合って飲むだけでもバッチリです。意識して会話を楽しみ、夫婦の時間を大切にしましょう。そうすることで円満に過ごせるし、より一層、絆を深めることが出来るでしょう。

シングルのあなたは、サポート役に徹することで恋が始まる予感です。気になる男性には、あなたの方からきっかけや口実をさりげなく与え、誘ってもらいましょう。または、彼の趣味に付き合ったり、彼の世界を理解し、一緒に楽しんでください！

「彼が楽しいと私も楽しい」と、思えたら完璧です。尽くす女になるのではなく、孫悟空が鼻高々と縦横無尽に空を飛びまわっているつもりだったけど、実はお釈迦様の手の平にいたという物語のように、あなたが彼を手のひらで転がしてください。

Fortune cycle Seat

フォーチュンサイクルシート

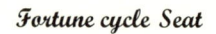

あなただけのフォーチュンサイクルシートを作ってみましょう。
次の項目に思いつく限り、書き込んでください。

1 この時期が訪れるのは

　　　　　　　　　　　　　　　　　　　　　　　　　　　　年

2 なりたい自分や欲しいもの、目標は何？

3 2を得るための行動や心がけはどんなこと？

4 過去にあなたが経験したことを確認して
　　さらに前に進んでいきましょう。
　　かつて、この時期を過ごしたのは　　　　　　　　　　　年

5 そのときの印象深い思い出をあげてください。(出来事、人との出会いや言動など)

6 5から得た教訓や成長は何だと思いますか？

実力期のキーワード

ポジティブ：力強さ、たくましさ、乗り越える、スキルアップ、出世、実現、評価、結婚、実行力、発揮、解決、努力、忍耐、悟り、無限、権力、お金、エリート、夢、独立、予想、突然、祝福、説得

ネガティブ：犠牲、ストレス、プレッシャー、イライラ、暴言、無知、恐怖、孤独、嫉妬、不安、盗む、落とす

13 試 練
suffering

試練がぞくぞく！
逃げ出さずに乗り越える時期

仕事、愛、お金……。
色々なシーンであなたが試されるとき。

今期のあなたは、まるでタロットの「吊るされた男」のように、自分1人だけの意思で思うように身動き出来ない状況に陥りがちです。
吊るされたカードに描かれた男性をよく見ると、どこか余裕のある表情をしています。しかも、吊るすロープはゆるやかで、本気を出せばほどけそうです。男性は吊るされた状況を楽しんでいるかのよう。ロープがほどけると、彼は新たな場所に進むべきだとわかっているのかもしれません。

他界した今も愛されるオードリー・ヘプバーン。彼女は戦時下のオランダで暮らしたこともあり、幼少時から戦争の影響を肌身で感じて生きてきました。
フォーチュンサイクルの試練期であった15歳の頃のオードリーは戦争に加え、大飢饉を経験し、チューリップの球根で作ったクッキーを食べて、飢えをしのいだこともありました。栄養失調に苦しみ、16歳で終戦を迎えたとき、彼女の体はすっかりやせ細っていました。

この戦争経験が、慈善活動の原動力となったのはいうまでもありません。オードリーは成長期に十分な栄養がとれていなかったため、ダンサーの道をあきらめ、演劇の道

を進むことになります。そして、24歳の運命期に映画『ローマの休日』でアカデミー賞助演女優賞を受賞、25歳の信頼期では舞台で共演した俳優と結婚しました。

試練期に壮絶な戦争を経験し、逃げ出さずその状況を受け入れたオードリー。このとき、ダンサーから演劇の道へ思いきって方向転換したことが、女優としての成功をもたらし、晩年のライフワークとなった慈善活動への道を開いたのではないでしょうか。

仕事

この時期、あなたの悩みは尽きないかもしれません。自分の意見を言えず、誰かを羨む心がムクムクと湧き上るかもしれません。気を付けて欲しいのが「私ばかり損している」「私だけが色々なことをしてあげている」と悲観的になり、落ち込むこと。この時期は、愚痴っぽくなるところがあるので、発言に気を付けましょう。

今期は自分のことよりも、誰かのためになることを率先してサポートしてください。問題が解決できたとき、あなたに対する信頼や、今後の宝となる人間関係といった大きな力を得ることが出来ます。また、仕事に対する真摯な態度は、あなたの財産となるでしょう。

ココ・シャネルも「20歳の顔は、自然の贈り物。50歳の顔は、あなたの功績」と語っています。若いうちは、だれもが綺麗です。しかし、30代、40代をどう過ごすかによって50歳の顔は作られます。容姿だけにとらわれると年齢を重ねるのが嫌になります。しかし、ヨーロッパの女性には、早く年を重ねて一人前の女性になりたいという考えが浸透しています。日本のように若さが重視される風潮はなく、洗練されたウィットに富んだ会話を楽しめる女性が求められるのです。中身のある女性になれるよう、仕事を通して自分を磨きましょう。

恋愛

今期の恋愛のキーワードは「献身的な」「尽くす」。あなたの愛が試されます。結婚を考えている人にとっては、この恋はこのまま報われないのではないか？と不安になる

fortune cycle 13 試練

かもしれません。今期は彼からの見返りを求めず、出来るだけ彼に愛を与えてください。それは金銭的や物質的なことではなく、安らぎを感じさせるマインドです。

例えば、せっかくのひさしぶりのデート、仕事で疲れ果てている彼のテンションがいまいち低くても、「今日は早めに帰ろうか」と気遣う言葉が大切なのです。
すでに結婚している場合は、2人の愛や人生観を試される試練のような年に感じるかもしれません。あなたと彼の間に、あなただけでは解決できないような問題が起こるかも。それはお互いの家族との関係や、彼が持ち込む問題かもしれません。

シングルにとっても不安の多い年です。今期は深く考えず、楽しんでアプローチをしてください。タバコ嫌いな彼のために禁煙する、スカートが好きな彼と会うときはスカートで、といった彼への好意をアピールしましょう。ムリめの相手にも、誠意を込めたメッセージや行動によって、成就できそうです。

映画『ハイスクール・ミュージカル』で、一躍時の人となったヴァネッサ・ハジェンズはこの時期に制裁を受けてしまいました。当時の恋人ザック・エフロンに送った自撮りヌードが流出したのです。せっかくフォーチュンサイクルのチャンス期で『ハイスクール・ミュージカル』の続編の出演を射止めたところに、この写真流出事件。出演は続行されましたが、この試練期から5年続くモンモン期の間に、なんと3度も自撮りヌード写真が流出してしまいます。彼女は、当時のことを「あれは私のキャリアの中でも断トツで"最悪"の瞬間だったって言えるわ」と述べています。

この時期は、隣の芝生は美しく咲き乱れ、自分は枯れ果てているように見えるかもしれません。あなたが羨望の眼差しで見ているような人でも悩みを抱えているものです。焦らずにのんびり過ごしましょう。

辛いときは、シェイクスピアの「他人もまた同じ悲しみに悩んでいると思えば、心の傷は癒されなくても、気は楽になる」という言葉を思い出して。今期、あなたがどれだけ試練に耐えられかによって、未来が変わります。

Fortune cycle Seat

フォーチュンサイクルシート

あなただけのフォーチュンサイクルシートを作ってみましょう。
次の項目に思いつく限り、書き込んでください。

1 この時期が訪れるのは

　　　　　　　　　　　　　　　　　　　　　　　　　　　　年

2 なりたい自分や欲しいもの、目標は何？

3 2を得るための行動や心がけはどんなこと？

4 過去にあなたが経験したことを確認して
　　さらに前に進んでいきましょう。
　　かつて、この時期を過ごしたのは　　　　　　　　　　　年

5 そのときの印象深い思い出をあげてください。（出来事、人との出会いや言動など）

6 5から得た教訓や成長は何だと思いますか？

試練期のキーワード
ポジティブ：博愛、　勤勉、奉仕、精神力、乗り越える、逆転の発想、タフ、楽しむ
ネガティブ：身動きがとれない、試練、自己犠牲、困難、難解、辛い状況、ひがみ、入院、板挟み、確執、忍耐力、続ける、後続、見返りを求めない愛、破局、憂鬱、停滞、不自由、悲劇

14 変化
change

終りと始まり、生まれ変わる時期

**妊娠や出産。健康を心掛けてボディ改造、もしくは休職も。
肉体、環境、マインドに変化が。**

この時期の動きはとてもスロー。まるでスポ根マンガの主人公が、速球を鍛えるために養成ギブスを装着させられたように、簡単に身動きがとれません。もがき苦しみながら、前を目指して試練に耐え、困難を乗り越える場面があるかも。さらにこの時期は、つらい別離も経験するかもしれません。なくしたものがすごく大切なものだったと気が付いて、悲しむかもしれませんが、それは必要のないものだと、後から実感するでしょう。なかには、仕事で不本意な異動を命じられたり、長年付き合った恋人から別れを告げられることも。そのときは苦しみをともなうかもしれませんが、それは新しいスタート。あなたをより良い状況へ導いているのです。

この時期は、体が変化しやすいときでもあります。体調が悪い場合は、我慢せず、すぐに病院へ行きましょう。妊娠など、オメデタ系の変化も起こりやすいときです。
7オクターブの音域を持つ歌姫こと、マライア・キャリーもこのフォーチュンサイクルの変化期に40歳で男女の双子を妊娠しました。彼女は流産経験もあり、辛い時期を過ごしましたが「私は、自分の夢を現実のようにイメージ出来るのだから、そこに辿り着くまでは、絶対に諦めない」と大きな苦難を乗り越えました。この時期は厳しいことがあるかもしれませんが、大切なのは諦めないことです！

仕事

動いても動かなくても悩みが尽きないときです。転職や起業などを考えるときは、相当な覚悟をして挑んでください。初めから成功する甘い夢や希望は持たないように。厳しい現実を目の当たりにすることになるでしょう。この時期は、新しい職場や環境を見つけることが出来ても、悩みや心配が生じます。

4年後のサイクルに大きく影響を与えるこの時期は「今」が未来を大きく左右します。2度のアカデミー主演女優賞を受賞したヒラリー・スワンクもフォーチュンサイクルの実力期に母親と2人で彼女の女優デビューを夢見て、ロサンゼルスへ引っ越しました。フォーチュンサイクルの試練期は、運命の女神に女優になりたいという思いが本気なのか試されるごとく、スワンク母娘はお金がなく、車で生活していたそうです。そんな苦しい生活でも2人は負けませんでした。
ヒラリーは当時のことをインタビューで話しています。「私たちは車の中で寝泊まりする生活だった。それを悲惨だ、嘆かわしいなんて思ったことはなかったわ。だって夢の人生を歩む一歩手前だったから」。

彼女は、どんな過酷な状況でも諦めませんでした。その次の年、変化期に見事、映画デビューし、少しずつ生活が変化してきました。そして、ついにフォーチュンサイクルで運命のときに映画『ボーイズ・ドント・クライ』のオーディションで主役を勝ち取り、高い評価を得て、アカデミー主演女優賞を含め20以上の映画賞を総なめにしました。このとき、「私は初めてアカデミー賞を受賞したときに、『お母さん、車で生活したのは意味があったね』って言ったの」と彼女は語っています。このように変化期は、未来に必要な修行のときなのです。

予想していなかった、出来ることなら避けたかった状況が訪れるかもしれません。そのことで、この世の終わりのように打ちのめされるかもしれません。しかし、その変化によって新しいステージに進むことが出来るのです。今期起こる出来事は、ポジティブに受け止めるようにしましょう。

fortune cycle 14 変化

恋愛

今期は、恋愛において失恋、破局、復縁、新しい出会いという、相反することが起きる年です。
長年付き合っていた相手との破局や失恋はツライものですが、これは時間がたてば、あなたにとって良い選択であったということがわかります。彼以上の男性が現れるでしょう。「生まれ変わり」がキーワードなのでイメージチェンジをして新しい出会いを呼び込んでください。

シングルの人は、生まれ変わったつもりで行動してください！　そこまでして恋人を作りたくない！と敬遠していたお見合いや婚活にもトライして。今期は大胆なイメチェンが成功しやすいので、内緒にしていた特技や趣味を披露することで、あなたに興味を持ってくれる男性が出現しそうですよ。

また、復縁の可能性もあるので、どうしても忘れられない相手がいれば、再アプローチをするのもよいでしょう。しかし、あなたの変化をアピール出来なくてはいけません。別れる原因や、結ばれなかった理由、2人の間にある問題を解決できていなければ、復縁はないでしょう。

夫婦の場合は、2人の愛情が家族愛へ変わったり、新しい命と出会って感情の変化を感じたり、あなたや彼のどちらかに仕事の移動が生じるかも。もしくは、2人の関係が終焉を迎える可能性もあります。

また、彼に関わる変化は、どんなものであれ、受け入れるしかなさそうです。不況に伴う大幅な給料カット、業績悪化による降格、勤務体系の変更による部署替えなど。彼の状況が変わったことに不満を持つと、一気に2人の関係はジ・エンドへと向かう恐れが。これからも一緒に過ごしたいのなら、新たな状況に身を置く彼に寄り添うしかありません。2人が変化を冷静に受け入れることで、きっと物事は好転していくはずです。

Fortune cycle Seat

フォーチュンサイクルシート

あなただけのフォーチュンサイクルシートを作ってみましょう。
次の項目に思いつく限り、書き込んでください。

1 この時期が訪れるのは

　　　　　　　　　　　　　　　　　　　　　　　　　　　　　年

2 なりたい自分や欲しいもの、目標は何？

3 2を得るための行動や心がけはどんなこと？

4 過去にあなたが経験したことを確認して
さらに前に進んでいきましょう。
かつて、この時期を過ごしたのは　　　　　　　　　　　　　年

5 そのときの印象深い思い出をあげてください。(出来事、人との出会いや言動など)

6 5から得た教訓や成長は何だと思いますか？

変化期のキーワード
ポジティブ：変化、生まれ変わり、新しい、祈願、妊娠、出産、片想い、再生、復活リメイク、再チャレンジ、望み、出会い、再就職
ネガティブ：敗北、枯渇、断念、解雇、打撃、別れ、退職、損失、失敗、解散、離婚、死別赤字、復縁、処分

15 リラックス
relax

継続は力なり！肩の力を抜いて過ごす時期

**ハードワーカーは仕事のやり方を見つめなおすとき。
リラックスしながら、ときの流れに身をゆだねて過ごして。**

今期のあなたはリラックスして過ごすことが大切です。得意なこと、不得意なこと、好きなこと、嫌いなこと、楽しいこと、そうではないこと。すべてバランスよく、時間を配分して。不安を紛らわせるために楽しむことばかりを優先すると、ふと気付いたときに、独り取り残される羽目に……。それは、みんなでワイワイ盛り上がった後にやってくる虚しさのよう。

あなたは、ばか騒ぎして盛り上がることが不安に対する解決法にはならないと、心のどこかで気付いているのでしょう。いつだって人生を思い切り楽しまなくてはいけない、と無理をする必要はありません。この時期をどう過ごすかによって6年後の運命期が変わります。落ち込んだとき、目の前の問題を見て見ぬ振りをしたり、楽しいことを優先するあまり、問題を放置しないでください。

人生にはいくつか困難な壁を登らないといけないときがあります。今は、その壁を登るために、心身ともに強い状態をキープすることが大切です。そのためにはいつも以上に、メンタルケアも必要。がむしゃらに山を登ろうとするのではなく、疲れたときは道端に座り、花々を愛でる時間を忘れないでください。そうやって心と体のバランスをとることが、重要な意味を持っています。

メンタルケアでお手本にしたいのが、世界中で愛される人気モデルのミランダ・カー。雑誌やコマーシャルなどで彼女を目にしない日はないでしょう。彼女は幸せマインドの作り方について話しています。「ネガティブな考えのせいで、前に進むことも人生を楽しむことも出来なくなっている状態。そんなときこそ、ポジティブなアファメーションを使って暗い考えを追っ払いましょう。私はよく心の中で『今日もすっきり、元気いっぱい』『ネガティブな思いは解放しよう』『私は安全』こう唱えます」。疲れやすいこの時期は、ネガティブマインドを解き放ち、ポジティブに過ごせるように意識しましょう。

仕事

今期は一心不乱に仕事に取り組むのではなく、周囲に負担のかからない程度に、今までよりも仕事とプライベートを分けて生活した方がいいでしょう。プライベートの時間を削ってまで、仕事をするとあなたは疲れ果てて、人生に虚しさを強く感じるようになるでしょう。ときには、「なんで、こんなに私は仕事をしているんだろう」「みんなは結婚しているのに私だけ結婚していない。このままでいいのだろうか」と呟いてしまうことも。今までは仕事にやりがいを感じていたのに、この時期は将来の不安や今までの自分の人生について不満を感じやすいのです。

今期は、頑張った分だけ目に見える結果は出ないことを肝に命じておきましょう。だからこそ、全力で仕事にぶつかっても、思うようにはかどらないことを知って、息抜きを。リフレッシュには肉体だけではなく、心もほぐれるようなヨガやストレッチなどがオススメです。仕事のストレスをスカッと解消させてくれるようなボクササイズなど、仕事でいっぱいいっぱいになりがちな頭のなかをスッキリさせてくれる運動がよいでしょう。

また、深夜までダラダラ過ごすのはやめましょう。ダイエットで節制したり、ストレスでドカ食いするなど、食事量にムラがあるのもよくありません。幸運体質になるためにも生活スタイルの見直しを！

恋愛

男性として意識していなかった男友達や同僚、身近な人の魅力に気付くかもしれません。今まで出会っている人のなかから、もう一度、自分と相性のよい人を振り返って見てみる必要があります。あるいは自分の感情にもっと素直に従いましょう。

パートナーを探すなら、勢いではなく、ひかえめな愛情を育てることから始めてみましょう。「なんだか気になる」「一緒にいると楽しい」といった、ボンヤリと生まれる感情に気付いてください。仕事が忙しく、何年も恋はご無沙汰な人は、積極的に恋をしたくなる映画や本を読んで、恋心を呼び起こして。

リラックス期は、運命や一目ボレといった爆発的な出会いではなく、ひなたぼっこのようにポカポカと幸せな気持ちになる、素朴な恋の年です。

パートナーのいる人は、愛情を再確認してください。なんでもない日に、腕をふるって彼の好きな食べ物を作ってみたり、ちょっとしたプレゼントをサプライズで渡すといった、無理のない程度の愛情表現が大きな効果を生みます。彼からもらった愛情には、同じくらいの愛情を形にして返してください。

ギブ・アンド・テイク、フィフティ・フィフティの関係があなたを幸せにします。与えるよりも多くを望んでしまうと、お互いに不満が溜まり、思いは一方通行になってしまうのでご用心！

Fortune cycle Seat

フォーチュンサイクルシート

あなただけのフォーチュンサイクルシートを作ってみましょう。
次の項目に思いつく限り、書き込んでください。

1 この時期が訪れるのは
　　　　　　　　　　　　　　　　　　　　　　　　　　　　　　　年

2 なりたい自分や欲しいもの、目標は何？

3 2を得るための行動や心がけはどんなこと？

4 過去にあなたが経験したことを確認して
さらに前に進んでいきましょう。
かつて、この時期を過ごしたのは　　　　　　　　　　　　　　　年

5 そのときの印象深い思い出をあげてください。(出来事、人との出会いや言動など)

6 5から得た教訓や成長は何だと思いますか？

リラックス期のキーワード
ポジティブ：再会、リラックス、のんびり、控えめ、節約、気晴らし、無理をしない、休暇、健康診断
ネガティブ：不摂生、孤独、潔癖、自信損失、無理、浪費、不規則な生活、夜遊び、奪略、危険、病気、事故、火事、盗難、怪我、焦り、自己嫌悪、嫉妬、ねたみ

16 不安
nervous

次から次に襲いかかる不安
モヤモヤを乗り越える時期

いつも不安感でいっぱいになりやすいとき。
どんなことも大きな心で受け止めましょう。

今期のあなたはわかっていても、なかなか楽な道、堕落した道から抜け出せない……。そんな状況かもしれません。やめなきゃいけないタバコをズルズルと吸ってしまう、本当は変わりたいのに楽な道を選んでしまい、文句を言いながらストレスフルな環境に身を置いてしまう。まさに負のループが続いてしまいやすいとき。

子役から活躍しスーパーアイドルだったリンジー・ローハン。彼女もフォーチュンサイクルの不安期に、コカインを吸っている画像をネットで暴露されてしまい、飲酒運転とコカイン所持、麻薬運搬、無免許運転など、5つの容疑で逮捕されました。
ここから彼女はトラブルメーカーとして報道されるようになり、スーパーアイドルからバッドガールへ転落する羽目に。

リンジーはその後、ドラッグや飲酒が止められず、リハビリ施設や刑務所への出入りを繰り返してしまいます。その際、Twitterで「今日という日は、これからの人生にとって記念すべき最初の1日となるわ」とツイートし、マハトマ・ガンジーの「未来はわれわれの現在の行動にかかっている」という名言を引用しながら「これからは

一歩一歩進んでいくわ」と反省の言葉を述べています。このように不安期は、自暴自棄に走ると自分を見失ってしまいます。後に後悔しないためにも気を付けましょう。今期は、勢いに任せた行動にご用心！

☆ 仕事

とにかく不正や、悪習慣に気を付けてください。もしくは、あなたが嫌だと感じる風習や習慣のある会社で我慢を強いられるかもしれません。しかし、金銭的な問題や現実的な理由から、その環境から抜け出すことは出来ないと、感じているでしょう。不安期はそれがハッキリするときです。

この時期は「脱出」というメッセージもあります。あなたがその場から抜け出す状況へと環境が変わる、部署の異動、再就職先が見つかる、苦手だった上司が辞めるといった意味を持ちます。つまり、嫌な状況が解消される可能性があります。

そうでなければ、あなた自身が脱出を考えなくてはなりません。独立や再就職に挑戦するのです。金銭的な心配、将来の不安。それらはすべて、あなた自身によって解決できるはずです。現在、束縛感や危険を感じていないという人は、誘惑やちょっとしたズルさにこれから注意してください。

上司に命令されたのに、気付いたら自分の責任になっていたとか、みんなと一緒に休憩時間をこっそり延長していたら、上司からの評価が人一倍下がっていたということも。どうして私だけ！と思うかもしれませんが、この時期は、避けられたはずの問題を自ら引き寄せたり、誘惑を受け入れてしまいがちです。

今期は特に「自分の責任は自分にある」ことを肝に銘じて他人に流されないように注意してください。また、騙されやすい年なので、株取引やセールス商品、会員制の販売システムにはご用心。「お金が儲かる」という売り文句は信用しない方がいいでしょう。

恋愛

危険な恋に誘われる予感。突然のアプローチに胸がドキドキしたり、今までの恋愛経験からは考えられなかったドラマティックな愛の告白や、あなたを喜ばせる愛との出会いに溺れてしまうかもしれません。しかし、同時に性的な誘惑が強く、性に溺れやすくなる危険な1年だということを覚えておいてください。飲み会で会った男性の熱烈アピールに負けて、一晩過ごすと、相手には彼女もいて遊ばれただけだった。相手からアプローチされ、付き合ってしばらくすると、自分が浮気相手だとわかった。優しい彼だけど、稼ぎがなく支払いは自分。奥さんとは終わった関係だというばかりで行動に移さない既婚男性との恋。とにかく、今期の恋はドラマティックで、まるで自分が物語の主人公になったかのようです。

悪魔は優しく、魅力的に誘惑します。あなたはその魔力から離れられないでしょう。しかし、悪魔は自分の思い通りにコントロールし、利用することが狙いなのです。そして、後ろめたい事実がある男性ほど悪魔のように、女性に対してマメだったり、親切であることをお忘れなく。彼が悪魔なのかどうか、冷静に見極めましょう。

今期の恋は問題が多く、あなたを苦しめるものになりやすいので、出会いから慎重になってください。どんなに魅力的であっても、彼の持つ問題点が根深いものであるほど、あなたを傷つけます。彼の金銭や仕事の問題、女性関係のトラブル。ちょっとでも不安に感じることがあれば、ブレーキを！　恋の相手を選ぶ権利はあなたにもありますので、くれぐれも自ら危険な道を選ばぬように。

パートナーがいる場合は、彼との間にある問題があなたを束縛します。それは彼のご両親との確執、金銭的な問題、彼の仕事上の問題など。あなたは八方ふさがりのように苦しむかもしれません。金銭的な問題であれば、あなたも解決に向けて彼のために働くのも1つの手段。それでも事態が好転しない場合は、別居や離婚といった選択肢もあります。あなたの覚悟と努力で問題から抜け出せることに気付いて。
この時期、困難を乗り越えた人こそ、数年後の運命の扉は豊かな人生を約束してくれます。来年、再来年には問題が解決したり、物事がスムースに動き始めるはずです。

Fortune cycle Seat

フォーチュンサイクルシート

あなただけのフォーチュンサイクルシートを作ってみましょう。
次の項目に思いつく限り、書き込んでください。

1 この時期が訪れるのは
　　　　　　　　　　　　　　　　　　　　　　　　　　　　　年

2 なりたい自分や欲しいもの、目標は何？

3 2を得るための行動や心がけはどんなこと？

4 過去にあなたが経験したことを確認して
　　さらに前に進んでいきましょう。
　　かつて、この時期を過ごしたのは　　　　　　　　　　　年

5 そのときの印象深い思い出をあげてください。（出来事、人との出会いや言動など）

6 5から得た教訓や成長は何だと思いますか？

不安期のキーワード
ポジティブ：信念、未来、希望
ネガティブ：快楽、たくらむ、策略、隠し事、悪意、嘘、病気、ストレス、アルコール中毒
不倫、隠し子、危険、悪質、詐欺、裏切り、不自由、束縛、孤独、悩み、トラブル、恐怖

17 清算
clearing

心や環境を整える清算の時期

**魔がさした裏切り行為はあなたの信頼や地位や名誉まで失うことになってしまいます。
失態に気を付けて誠実でいることが大切。**

心の整理が必要なとき。ここ数年、心がモヤモヤしていて、スッキリする日はあまり無かったのではありませんか？　清算期のあなたは、だんだんと変わる世界を少しずつ感じているはずです。それに従い、あなた自身が変化する必要性が生じたり、環境そのものが変わるかもしれません。

優等生イメージが強い実力派女優アン・ハサウェイ。彼女はティーンアクトレスから実力派への転身に苦労しました。映画『プリティ・プリンセス』でスクリーンデビュー。全米で1億ドルを超えるヒットとなり、大ブレイク。その後も映画の続編が公開され、9500万ドルのヒットとなりましたが、プリンセスのイメージが定着し、理想の役が得られずに低迷してしまったのです。

女優として伸び悩んでいた23歳のアンは、フォーチュンサイクルの清算期で『ブロークバック・マウンテン』に体当たりで見事役柄を演じ、イメージチェンジに成功しました。その後、『プラダを着た悪魔』で名優メリル・ストリープと共演。上司の不条理な要求に耐えながらもキャリアップする女性を好演したことから、同世代の働く女性の共感を得て、映画は世界中でヒットしました。

そして開拓期には、ミュージカル映画の最高傑作『レ・ミゼラブル』のファンティーヌ役をオーディションによって勝ち取りました。吹き替え無しのこの作品では、5週間で体重を11キロ以上落とし、髪を切られるシーンでは実際に自分の髪をカット。すばらしい歌声を披露し、アカデミー賞助演女優賞、ゴールデングローブ賞助演女優賞を受賞しました。まさに、フォーチュンサイクルの運勢に乗っ取ってイメージチェンジを図り、見事困難を乗り越えて成功したアン。「完璧でありたいという気持ちはだいぶ前に捨てたの。それがプレッシャーを感じるもとだもの。自分らしく、楽しまなくちゃ」と彼女はインタビューで答えました。

この時期は、自分の心を解放し楽にしてあげることが大切です。来期のあなたの目の前には、明るい希望でいっぱいです！

仕事

今まで積み重ねてきたことをイチからやり直す。そんな状況に見舞われるかもしれません。突然、可愛がっていたスタッフが辞めたり、誰かの横領や不正が発覚したり、会社の業績の悪化が現実的に突き付けられるといった、大変シリアスな問題に直面してしまうかもしれません。

もしかすると、会社とオサラバしたい気持ちになるかもしれません。思いきって、転職、独立、留学を考えるのもいいでしょう。ひょっとすると部署移動、転勤、リストラなど、今の環境が強制的に変わる可能性も。この時期は、納得いかない事態の連続かもしれません。しかし、自分の時間を削ってまで、ハードワークを乗り切ろうとすると、遅刻やケアレスミスを招き、ますます負のスパイラルに陥ってしまいます。
もしくは、ストレス解消の深酒や、疲労から休日は寝て過ごす羽目になるほど、仕事に集中するのも避けましょう。

今期は、どんな困難にも自分を強く持って流されないこと。なにがあっても、あなたらしさを見失わないようにしてください。来期から、間違いなく変わることが出来るはずですよ。今までの5年間があなたを大きく成長させてくれました。本当によく頑張りました！

恋愛

今までの恋愛観を見直す時期です。シングルの人はなかなかパートナーが見つからず女性としての魅力に自信が持てなくなるかもしれません。今までは、たくさんの男性が寄ってきたのに最近はめっきりご無沙汰という方は、忘れていたトキメキを思い出してみませんか。この時期なら、前向きに受け止められるはずです。
ココ・シャネルは「その日、ひょっとしたら、運命の人と出会えるかもしれないじゃない。その運命のためにも、できるだけ可愛くあるべきだわ」と名言を残しています。年齢を理由に恋を楽しむことを忘れてしまったり、恋のトラウマに引っ張られ、臆病になってはいけません。恋愛スイッチを今スグ入れましょう！

パートナーのいる人は２人の関係に試練が訪れるかもしれません。世界中のティーンが熱狂した映画『トワイライト』の主役を務めたクリステン・スチュワートもこの時期、魔がさしました。彼女はトワイライトで共演したロバート・パティンソンと恋に落ち、彼が購入した６億円の豪邸で同棲。憧れのカップルランキングに名前が挙がるほどの２人でした。しかし、新しい映画の撮影時にクリステンがその映画の監督ルパート・サンダースと浮気をしてしまうのです。そのことでロバートと破局する羽目に。浮気相手のルパートもこのとき、清算期。奥さんに離婚を叩き付けられ、小さい子供２人と美人の奥さんを失ってしまいました。クリステンとロバートは復縁したものの再び破局。傷ついた彼の心を取り戻すことは出来なかったようです。

このようにこの時期は、軽はずみな言動が今まであなたが築いてきたものを一瞬で破壊することになります。くれぐれもハニートラップには気を付けましょう。
もし、カップルが倦怠期を迎えていたら、より良い関係を築けるよう、努力を怠らないでください。今期中に発覚するのは、解決を避けてきた長期的な問題。価値観の違いなど、根本的な問題です。それらが解決しなければ、あなたはこれから訪れる前向きなパワーを受け取れなくなってしまうでしょう。別れたら次の恋人が見つからないかも、と後ろ向きな理由から交際を長引かせるのは禁物です。彼とやり直したいと強く願うのなら、新しく生まれ変わるくらいの気持ちで付き合い方を見つめ直すことが必要でしょう。

Fortune cycle Seat
フォーチュンサイクルシート

あなただけのフォーチュンサイクルシートを作ってみましょう。
次の項目に思いつく限り、書き込んでください。

1 この時期が訪れるのは

　　　　　　　　　　　　　　　　　　　　　　　　　　　　　年

2 なりたい自分や欲しいもの、目標は何？

3 2を得るための行動や心がけはどんなこと？

4 過去にあなたが経験したことを確認して
　　さらに前に進んでいきましょう。
　　かつて、この時期を過ごしたのは　　　　　　　　　　　　年

5 そのときの印象深い思い出をあげてください。(出来事、人との出会いや言動など)

6 5から得た教訓や成長は何だと思いますか？

清算期のキーワード
ポジティブ：転機、吹っ切れる、再出発、再婚、転職、引っ越し、片付け、清掃、整理整頓、短期留学、旅行、離婚、大胆、行動
ネガティブ：崩壊、危険、事故、災難、落雷、怪我、急病、降格、噂話、失敗、憂鬱、紛失、盗難、破産、破局、トラブル、失望、詐欺、借金、破談、浮気、落下

18 希望
hope

暗闇の中から明るい光が差し込み始める時期

少しずつ気持ちが楽になり
悩んできたことが吹っ切れ、目指すべき道を手に入れます。

夜空の流れ星にあなたはなにを願うでしょう?
今期のあなたはたくさんの夢を見てください。夢の実現という希望があなたを支え、それは素晴らしい未来へとつながります。
あなたが現実的になりすぎている場合は、もっと夢のあること、子供のときからの願いを思い出し、諦めていたことを実現するための準備に取りかかってください。
それは行きたくても行けなかった海外旅行や、仕事にはならないと思っていた特技でお金を稼ぐことかもしれません。夢を楽しむことが、あなたを豊かにします。

イギリス出身の女優キャサリン・ゼタ=ジョーンズもこのフォーチュンサイクルの希望のときに、ハリウッドに進出しました。そして、開拓期に『ピープル』誌にて、「最も美しい人物」に選ばれました。
さらに、フォーチュンサイクルの実りのときに、長女を出産し、サイクルのチャンス期に、ミュージカル『A Little Night Music』でトニー賞ミュージカル主演女優賞を受賞し、さらに、これまでの功績が讃えられ、大英帝国勲章を授章しました。このような素晴らしい評価を得られたのも、まさに希望の時期にイギリスからハリウッドに

進出したからでしょう。そんな彼女がこのような言葉を述べています。「私は決して美人では無いけれども、私はキャサリン・ゼタ＝ジョーンズなの」。

自信がないと嘆いていてはいけません。この時期は、自尊心を高めましょう。今期はワクワクするような夢を見ることが未来の可能性を広げます。人は年を重ねるにつれ臆病になってしまい、出来ること、出来ないことを自身で決めつけてしまいます。だから、安易な道を選び、挑戦することを忘れてしまいがちです。しかし、それではもったいない！　自分自身であなたの世界を小さくしてはいけません。今期は、勇気を出して少しでも行動することがハッピーへの道へとつながります。

仕事

今の仕事は、あなたが望んだものでしょうか？　答えがイエスなら、今期はより大きな夢を抱いてください。どうせ叶わないような夢だと自分自身の足に鎖をつけてはいけません。チャーミングな笑顔で世界中のファンを魅了し、恋も仕事も全力疾走なキャメロン・ディアス。そんなアクティブな彼女の名言に「後悔っていうのは、やってしまったことにするもんじゃなくて、やらなかったことにするものよ。だから私はチャンスがきたら必ずトライするわ」というものがあります。あなたもこの時期、彼女のようにハッピーに過ごしたいなら、頭で考えて行動にブレーキをかけるのではなく、心が感じるままに動き出しましょう。今のあなたなら踏み出せるはずです！

今期は、なにが起こってもその先にはなにかが待っていると信じ、進むべき道を歩むのです。希望の時期であり、小さな夢よりもみんなが驚くような大きな夢を抱くべき年です。大きな夢に向かうためには、努力が鍵となります。もし今の仕事に対してやる気や充実感がないのなら、そろそろ、自分のやりたいことと向き合う時期です。趣味のお人形作りをフリーマーケットで販売したり、ネットショップを運営するなど思いきって自分が社長になったつもりで挑戦してください。

夢の実現のために、現実的なアクションを起こしましょう。実際に仕事を辞めて、夢に向かうかはあなたの覚悟次第です。趣味を仕事にすれば、お客目線でものを考えな

ければなりません。そのことがストレスやプレッシャーに感じるなら、無理やり起業する必要はありませんよ。しかし、あなたに、なにがなんでも成功してやる！という夢に向かう情熱があるのなら、どんなピンチも乗り越えられるはずです。もちろんそのためのリサーチを忘れずに！ どのような未来をキャンバスに描くかは、画家のあなた次第なのです。

恋愛

フリーのあなたは、今期はちょっと高望みかなと思える相手にアプローチが成功する可能性が高いです！ 成功の秘訣は入念なイメージトレーニング。どうすれば相手が好きになってくれるか、細かくシュミレーションしてください。そのための準備や努力も怠らずに！ 今期は自分を磨くほど、より素敵な男性に出会えます。今までのあなたは、少し恋愛低迷期だったかもしれません。そんなあなたに春が訪れそうな予感がします。

恋に消極的になっているあなたに贈りたいのは「自分の壁を取り払って他人を受け入れ、愛を捧げられるようになった」と言うキャサリン・ゼタ＝ジョーンズの言葉です。他人を受け入れることが出来るようになれば、きっと最高の愛を手に入れられるはずです。付き合うことを恐れずに心をオープンにしましょう。

パートナーがいる人は、２人で大きな夢を想像しましょう！ 結婚や出産、マイホーム計画、思い切って異国の地への引っ越し、２人でカフェをオープンなどなど。どんなことでもいいです。２人でワクワク胸が弾むようなことを計画しましょう。好きな家具や雑貨を探し求めてリサーチしたり、部屋の内見をするのもオススメですよ。今すぐ、それらを手に入れることが出来なくても、２人で未来を想像し、クリエイトすることが重要なのです。

あなただけが焦って「最低でも一軒家に住みたい」「早く子供が２人欲しい！」と主張するのではなく、「こんなお家に２人で住めたら素敵だよね！」「あなたとわたしの子供ってどんな子になるかな？」と、楽しい未来を相手に想像させるように促してください。２人で頑張る姿勢が、物事を素晴らしい方向へ運んでくれます。

Fortune cycle Seat

フォーチュンサイクルシート

あなただけのフォーチュンサイクルシートを作ってみましょう。
次の項目に思いつく限り、書き込んでください。

1 この時期が訪れるのは

　　　　　　　　　　　　　　　　　　　　　　　　　　　　年

2 なりたい自分や欲しいもの、目標は何？

3 2を得るための行動や心がけはどんなこと？

4 過去にあなたが経験したことを確認して
さらに前に進んでいきましょう。
かつて、この時期を過ごしたのは　　　　　　　　　　　年

5 そのときの印象深い思い出をあげてください。(出来事、人との出会いや言動など)

6 5から得た教訓や成長は何だと思いますか？

希望期のキーワード
ポジティブ：夢実現、成長、希望、自信、変化、趣味、才能、完成、ユーモア、エンジョイ、準備、下見、海外、地方、婚約、出産、転職、未来、成就、成功、田舎、再会、計画、トレーニング
ネガティブ：憂鬱、パニック、後ろ向き、後悔、後退、弱気、挫折、中途半端　不調

19 迷い

think

日々変わりゆく心の迷いや
葛藤を繰り返す時期

来期から素晴らしい幸運期。
だからこそ、あなたは考え、答えを出さなければいけない状況へ。

今期は、あなたにとって、月の満ち欠けのように、常に心が揺れ動きます。このまま突き進むしかない！と覚悟したはずなのに、果たして本当に良いのだろうか、と不安になる。そんなセンシティブなムードです。すべての物事が、時間の経過と共に姿を変え、あなたを悩ませます。まるで先の見えない濃霧のなかを手探りで進むようなものです。行き先にはなにが待ち受けているのかわかりません。怖くて、足がすくみます。このまま行こうか、ひきかえそうか、あなたは独りで心細い思いをしています。だけど、先に進むしかないということをあなたは知っていますね。この時期は常に迷いが生じ、不安で仕方が無いかもしれません。

10代でスーパーアイドルとして一世を風靡したマイリー・サイラス。最近では過激なパフォーマンスなどを披露し、セクシーなヤングセレブとしての地位を確立していますが、彼女もフォーチュンサイクルの迷いのとき、劇的なイメチャンをしました。それまでは、ディズニーチャンネルドラマ出身ということもあり、明るく元気でゴージャスなブロンドのロングヘアだったのに、なんと白みがかったベリーショートヘアに変えてしまったのです。

このヘアチェンジは話題となりました。テレビ番組でパロディにされ、以前、ブリトニーが坊主にしたときのように頭がおかしくなってしまったのではないかと酷評されたほど。しかし、彼女はわかっていたのです、進むべき道を。その後、通算4枚目となるアルバム『BANGERZ』が、日本を含む世界70ヶ国のiTunesトップアルバムチャートで1位を獲得し、彼女にとって初のビッグセールスを叩き出しました。
「自分を信じれば、どんなことだって可能になるわ」とマイリーは発言しています。

今期は、どういうわけか目的や行き先、将来に対して、漠然とした不安やプレッシャーがつきまとい、なにから手をつければいいのかわからなくなってしまいます。一体誰を信じればいいのか、家族や人間関係でストレスを感じることもあるでしょう。そんなとき常にあなたは1人で立ち向かうしかないのだと覚悟してください。現状のなんとなく定まった場所から、新たな場所へと進む勇気と決断が必要なときです。

仕事

不安が付きまとうかもしれません。仕事に嫌気がさし、このまま続けていて良いのかと、急に不安が襲いかかります。今期は自問自答の尽きない年になるかも。悩んでいても、どうにもならないことはあります。ストレス解消を心掛け、誰かに相談するよりも、日記に問題をつづったり、スポーツや映画といった考え事が出来ない環境に身を置き、悩みを忘れる努力をしてください。今期は人に意見を求めても、自分の納得できる答えはもらえません。意見を聞くほど混乱して、なにが正しいのか判断出来なくなります。転職や独立には慎重に。今期は計画するとき、考える時期と割り切り、実行はベストタイミングの来期まで待ちましょう。

今期は無茶をしたり、自暴自棄になって行動したり、判断を早めることは避けましょう。大きな決断も見送った方が良いでしょう。例え、それがあなたの最善策だったとしても、この時期はどんな決断も後悔しがちで満足感を得られません。また、将来に対して不安を感じやすいので、突然の大きな人生の方向転換などをしてしまうと、悩みの種が増える結果に。
今期は、とにかく考えすぎず、省エネモードで過ごすことがベストです。

恋愛

パートナーがいる人は、とても不安を感じてしまうやっかいな時期です。例え、彼にやましいことがなかったとしても、あなたは疑う気持ちを捨てることが出来ません。この先わたしたちはどうなるのか……と、物事を深刻に受け止め、考えてしまいます。ささいな言動から彼の愛を疑い、彼をナーバスにさせ、関係を混乱に導いてしまうかもしれません。

彼がいくら愛していても、あなたが彼を信用出来なければ、信頼関係は築けません。あなたの心が月のリズムのように揺らいでいるのだということを忘れないでください。感情的になりやすいので喧嘩をふっかけないように注意して。疑われるようなことをする方が悪い！と鼻息を荒くするほど、彼の心は離れていくでしょう。そんなときは一呼吸し、素直に寂しい気持ちや彼への愛を伝えましょう。今期は強がるより、甘えるが勝ち！

シングルの方は、このまま自分にはずっと彼氏が出来ないのではないか、彼が振り向いてくれるはずがない、と悲観的に考えがちです。好きな人すらいない、という人はますます恋愛に消極的になりがち。私なんて一生1人！なんて決めつけずに、心のドアは開けておきましょう！

片思いの人は、もしかして彼も私に気がある？と有頂天になったり、ささいなことで悲観的になりそう。それが片思いの醍醐味でもあるのですが、恋のシーソーゲームを楽しむより、思いきって行動に出た方がいいかもしれません。起こったことすべてに意味はあり、無意味なことなんてないのですから！

Fortune cycle Seat

フォーチュンサイクルシート

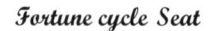

あなただけのフォーチュンサイクルシートを作ってみましょう。
次の項目に思いつく限り、書き込んでください。

1 この時期が訪れるのは

　　　　　　　　　　　　　　　　　　　　　　　　　　　　　年

2 なりたい自分や欲しいもの、目標は何？

3 2を得るための行動や心がけはどんなこと？

4 過去にあなたが経験したことを確認して
　　さらに前に進んでいきましょう。
　　かつて、この時期を過ごしたのは　　　　　　　　　　年

5 そのときの印象深い思い出をあげてください。(出来事、人との出会いや言動など)

6 5から得た教訓や成長は何だと思いますか？

迷い期のキーワード
ポジティブ：挑戦、変化、空想、イメージ、リフレッシュ、マイペース、安定
ネガティブ：不安、あいまい、葛藤、異動、気まぐれ、ヒステリック、暴走、要注意、弱点、後悔、被害妄想、揺れ動く、気分のムラ、疲れやすい、過ち

20 充実
happiness

ポジティブに前向きになる生命力を感じる時期

**仕事に恋に明るい兆しが。
心から安らぎを感じるときを過ごすことが出来るでしょう。**

すべてのものにエネルギーを与える太陽が、あなたの頭上でサンサンと輝いています。今期は特に積極的に行動してください。あなたには収穫の喜びが待ち受けているでしょう。例え、今は少し曇っているような空模様だったとしても、太陽の出現は、あなたを大いにパワーアップさせてくれます。あなたにとって、最高の喜びと幸福が得られるチャンスの年です。

女優からモナコ王妃となった絶世の美女グレース・ケリー。彼女もこのフォーチュンサイクル充実期で結婚をしています。この時期は、良いこと、おめでたいことが重なりやすいときです。あなたが数年前まで我慢していたこと、イライラしていたこと、不安だった過去が嘘のように消え去り、あなたの元へたくさんの幸せがやってきます！　ケリーも「落胆することも人生の糧。大切なのは、悔やまず前に進むこと。痛みのない人生は価値のないものです」と心強い言葉を残しています。女優から王妃になるというプレッシャーを乗り越えられたのも、タフだったからでしょう。
彼女のように、人生とはどんなことがあっても乗り越えていくことに意味があり、必ずその先に未来があると信じることで、どんな状況でも耐えられるのかもしれませんね。見事、シンデレラストーリーをものにした彼女をお手本にしましょう。

この時期は、太陽の光を浴びリフレッシュすることでスッキリするはず。外でのヨガや森林浴、テラスカフェでまったり過ごすのもオススメです。今期は自分の力を信じ楽しみながら突き進みましょう。守りではなく攻めの姿勢で。また、健康的なことがよりよい効果を生みます。太陽の恵みである野菜や果物をたくさん食べてください。体を動かすことも良いです。太陽のパワーを受けて輝いてください。

仕事

良いことが起こりそうな時期です。だからこそ、いつもポジティブに過ごしてチャンスを逃さないようにしましょう。今期は、あなたが前向きになれるかどうかで、結果が変わります。

もし、あなたが「頑張っているのに、周囲は評価してくれない」「好きでもない仕事をやらされている」「あの人は、結婚しているのに……」などと愚痴をこぼしても、環境は変わりません。この時期は、人の悪口や愚痴は封印して、2年後の大大大チャンスが訪れる運命期に、さらなる幸せを手にするため、効率よく進んで。過去の栄光にしがみついたり、「どうせ私なんて」と言わず、壁を打ち破り大きく成長してくださいね。太陽の光を受け、グングンと大きく育つひまわりのように、常に上を向いて明るいパワーを得てください。もし問題が起きても、大丈夫！　この時期は、必ず助け舟がやってきます。だから、安心して。失敗を不安に思い、消極的にならないでください。経験をどう生かすかで、失敗が成功へとつながります。何事も良い面を見るようにしてください。

大嫌いな上司や可愛気が無い部下のことも、嫌いだからと突き放すのではなく、良い面を見るようにしてください。あなたの人柄も評価もアップします。

fortune cycle
20
充実

恋愛

「私は女優に挑戦したように、結婚にも挑戦したのです」。これはグレース・ケリーの言葉です。今期は、結婚にも迷わずトライしてみるべきです。この時期は、子供がキーワードで妊娠、出産のメッセージも含んでいます。もし、あなたがそういったことを望んでいるとしたら、今期は良いタイミングでしょう。

しかし、パートナーと子供に関する考え方の違いで、喧嘩や悩みが生じるかもしれません。例えば、彼が子供をまだ望んでいないことや、子供の進路に対しての意見の食い違いなど。本来はポジティブな意味の強いカードなので、喧嘩をするよりも、2人が笑顔になることを選んで。その先に輝かしい未来は待っています。

カップルは、授かり婚の可能性も高まりそう。この時期は授かり婚の電撃発表をする有名人も多いです。望まない妊娠を避けるためには避妊を忘れずに。しかし、あなたも妊娠を望んでいるのであれば、彼と将来についてプランニングするにも良いタイミングでしょう。

不倫や彼女のいる男性とのお付き合いはあなたを暗い方向へ導くだけです。2人の関係をうやむやにするのではなく、お互いの将来を考える時期です。

シングルの人は自分をより良く見せようと見栄を張ることで、魅力が半減。背伸びをしない隠し事のない付き合いがあなたを幸せにします。もしかすると、恋の相手は幼馴染、家族同然の男友達、意識していなかった会社の仲間から浮上するかもしれませんよ。一緒にいると笑える相手を探してください。

Fortune cycle Seat
フォーチュンサイクルシート

あなただけのフォーチュンサイクルシートを作ってみましょう。
次の項目に思いつく限り、書き込んでください。

1 この時期が訪れるのは

　　　　　　　　　　　　　　　　　　　　　　　　　　　　年

2 なりたい自分や欲しいもの、目標は何？

3 2を得るための行動や心がけはどんなこと？

4 過去にあなたが経験したことを確認して
　　さらに前に進んでいきましょう。
　　かつて、この時期を過ごしたのは　　　　　　　　　　年

5 そのときの印象深い思い出をあげてください。(出来事、人との出会いや言動など)

6 5から得た教訓や成長は何だと思いますか？

充実期のキーワード
ポジティブ：太陽、幸運、幸福、明るさ、実り、収穫、結婚、妊娠、出産、子供、旅行、チャンス、自然、南国、告白、健康、親切、可愛気、魅力、イメチェン、デトックス、リフレッシュ、実現、可能
ネガティブ：失敗、ドタキャン、中断、遅刻、延滞、過信、困難、空回り、意気地なし、見栄っ張り、挫折、苦難、不安定

21 決断
resolution

目覚めと決断、あなたの進むべき道がわかり始める時期

来期、あなたには運命の扉が待っています。
今期はその扉を開く覚悟を決めなければいけません。

あなたのなかでなにかが終わるようです。しかし、それは必ずしも悪いことではありません。この時期は、"新たな始まりのための終わり"でもあるのです。今まであなたがやってきた過去に対する評価が下されるときでもあります。今期はなにか決断を迫られることがあるかもしれません。むしろ、あなたも決断したくなるときです。それは、覚悟を決めるということかもしれません。

ドラマ『ゴシップガール』の主人公セリーナ役でブレイクしスターの仲間入りをしたブレイク・ライブリー。そんな彼女もフォーチュンサイクルの決断期に、11歳年上の俳優、ライアン・レイノルズと結婚を決めました。
「人が私をどう見ているかは気にしない。他人の期待に振り回されていたら、結局は間違った選択しか出来ないでしょ？」。彼女らしい強い言葉です。あなたも、この時期は、強い信念を持って過ごしましょう。覚悟、決断することによって来期の運命が変わります！　昇進や出世といった良いステップへの始まりも意味します。また今まで成功してきた場合、さらなる成功へのスタートが考えられます。より良いプランを思いつくでしょう。

そして、今期は今までのことを振り返る必要があります。その作業で過去を悔いるかもしれません。しかし、過去を変えることは出来ません。過去から学び、新たな始まりを受け入れましょう。今期、思いがけず終わりを迎える出来事に動揺するかもしれません。けれど、それは手を離すべきものです。未練を捨てて、新しい可能性を探してください。また、「再生」というメッセージもあります。今まで頓挫していた計画が突然復活することも考えられます。それは、より良いものへと生まれ変わることが期待できます。

仕事

この時期のあなたは、それなりに覚悟を決めて、仕事に取り組んでください。覚悟したこと、決断したことが今後の未来に大きな影響を及ぼすことになるからです。だからこそ、心の中にモヤモヤしているものがあれば、はっきりさせることが重要です。この時期を迎えても、納得していないまま仕事に取り組んでいると、後悔することになります。言いたいことを言ってスッキリすることが転機になるかもしれません。今のあなたなら、わからず屋の上司や悪劣な職場を変えることが出来るかも。見てみぬふりや、長い物に巻かれる、ことなかれ主義を卒業しましょう！
ただし、それには、大声で自己主張をしたり、不満を叫ぶという手段ではなく、あなたが周囲に良いバイブレーションを与えるように率先して動くことが効果的です。また、キャリアアップのための転職や退職も考えられます。

もし、望んでもいないのに部署が変わる、退職するといった一見、淋しい終わりを迎えるようなことでも、実はあなたにとって良い方向へと進んでいるのです。「再生」「復活」「新生」「復帰」といったキーワードもあります。過去のことが、もう一度あなたの手に戻ってくるかもしれません。そのことで、あなたは驚くかもしれません。しかもそれは良い方向へ進む可能性が高いでしょう。今までうまくいかなかった仕事は、再びアプローチの方法を変えることで大きな効果が得られるかも。苦手な分野にも、積極的に再チャレンジしてみましょう。意外とすんなり、うまくいくかもしれません。なお、新たな目標を立てることも良いでしょう。諦めていた語学の勉強や苦手な営業に取り組むことで、新しいセールスポイントが発見できるでしょう。

恋愛

今期は、偶然の再会に縁があるとき。古い友人、同級生、元同僚との恋や、復縁といったメッセージが強いです。また、過去の恋愛を引きずるあまり、新たな恋愛に踏み込めない、ということも考えられますが、今期はやり直すのにとても良い年です。思いきってうだつが上がらない彼には別れを切り出すのもアリだし、結婚という目標を持って恋人探しをするのもベストな時期です。

この時期は再婚にも良いタイミングです。もう一度、誰かと恋に落ちることを楽しんでください。その相手はもしかすると、くだらないケンカで別れた彼氏や、親しい友人、今まで魅力的だと感じなかった顔見知りの男性かもしれません。どちらにせよ、恋を始めてください。

今期の恋はジェラシーも強めです。遊びなれた相手との恋は、泣くことになるので近づかないように。この時期は、ネガティブな面では未練がましくなってしまいがち。次の恋までのダメージが大きくなってしまいます。浮気がバレる可能性もあります。もし、あなたが二股をかけていたり、彼以外の人とデートを楽しんでいるとバレてしまう可能性大です！

やましいことには相当の罰が待っています。今まで騙し騙しの関係だった2人は、破局や離婚という可能性もありますが、次へ進むためのステップだと考え、前向きになりましょう！
来期は、フォーチュンサイクルの運命期。そのためにも、今期を大切にしましょう！

Fortune cycle Seat

フォーチュンサイクルシート

あなただけのフォーチュンサイクルシートを作ってみましょう。
次の項目に思いつく限り、書き込んでください。

1 この時期が訪れるのは

　　　　　　　　　　　　　　　　　　　　　　　　　　　　年

2 なりたい自分や欲しいもの、目標は何？

3 2を得るための行動や心がけはどんなこと？

4 過去にあなたが経験したことを確認して
さらに前に進んでいきましょう。
かつて、この時期を過ごしたのは　　　　　　　　　　　　年

5 そのときの印象深い思い出をあげてください。(出来事、人との出会いや言動など)

6 5から得た教訓や成長は何だと思いますか？

決断期のキーワード
ポジティブ：復活、再婚、再会、変化、移動、転職、退職、評価、復縁、決断、覚悟、審判、結婚、奇跡、転機、出世、留学、旅行、語学、イメチェン、ダイエット、離婚
ネガティブ：未練、過去、破局、喧嘩、浮気、裏切り、発覚、秘密、延長、気まぐれ、増加、嘘

22 運命
destiny

新しい世界の幕開け。
出会い、チャンスを掴む時期

あなたの前に突如、運命の扉が現れます。
その扉をノックするかしないかは、あなた次第。

さぁ、あなたの目の前に運命の扉が開かれています！　この時期のあなたは運命的な出来事が待ち構えています。この1年間はボンヤリしている場合じゃありませんよ！　だって次に運命の扉が開くのは24年後なのですから！

レディー・ガガは22歳のときに運命期を迎えました。デビューアルバムが世界で大ヒット、奇抜なファッションスタイルと音楽センスでたちまち世界の歌姫に上り詰めた彼女は、運命の扉が開いたときに見事、成功者の仲間入りをしたのです。それまでの彼女は、NYでも屈指のお嬢様学校に通っていましたが、さえない容姿と風変りな性格から、周囲になじめずイジメにあっていたそうです。両親の援助を受けず、ストリッパーとして生計を立てたこともあったとか。それでも彼女はめげずに、夢を叶えるため、地道にバーで弾き語りを行ったり、パフォーマンス活動を続けます。
やがて、彼女の才能に気付いた大物歌手から「キミが歌ってみたらどう？」と声をかけてもらったことで道が開きます。その後、念願のデビューを果たし、大成功を収めることとなったのです。
ガガはこう語っています。「高校時代、友達はみんな将来Googleで働きたいって言ってた。だけど、私はそこで検索される人になりたいと思ってたの」。

あなたも彼女のように、夢を諦めずにさらなるステップへ立ち向かいましょう。今の限界を超えなくてはなりません。同じことの繰り返しではなく、常に高みを目指す必要があるのです。成長しつづけるあなたに、周囲は称賛を与えるでしょう。それによって、あなたは満足し、ますます輝くことが出来ます。

新しいステージに移るタイミングでもあり、結婚、出産、引っ越し、仕事での異動、転職、キャリアップ、旅行、留学といったことにも縁があります。今期あなたの目の前に扉が開いたとき、恐れずに飛び込まなくてはいけません！

さもなければ、あなたはすっかり閉じてしまった扉をボンヤリと眺める羽目に。

仕事

キャリアップに良い年です。留学や転職を考えていた人は、実行に最適なタイミングです。それが成功するかどうかは信念次第です。海外でも通じることの出来る強いパワーを持つ1年なので、思いきって語学留学してみるのもいいでしょう。受け身ではなく、積極的に情報収集し、自ら動いてください。ただ、時間が過ぎるのを眺めていると、なにも得ることは出来ません。目的達成のために、やりたくないことや、苦手なことから逃げないで、攻略するまで努力を続けてください。

レディー・ガガは歌手になる前に、自分以外のアーティストのための作曲も引き受けていました。一見すると、歌手になりたい彼女にとって、遠回りなことをしているようですが、そのおかげで、歌手へのきっかけを与えてくれる大物歌手と出会えたのですから、チャンスはどこにつながっているのかわかりません。常に自分のやりたいことにつながるチャンスはないか、アンテナを立てて。そして、夢を実現するためには「わたしがやります！」と手をあげる勇気を持ってください。

気を付けてほしいのは中途半端に諦めること。今期はキツイ仕事、やりたくない雑用も必ずやり遂げる意志を持つことで、あなたは大きな成果をあげるでしょう。レディー・ガガも「自分に自信を持ってあなたが自分自身を誰よりも愛すればそれで準備万全」と歌っています。あなたなら、大丈夫！ 夢や目標を見失なわなければ、チャンスがやってきます！

恋愛

今期は気になる人が現れたら、必ずアプローチをしましょう。恥かしがっている場合ではありません。あなたはこの時期、運命の扉を開かなければいけないのですから。恋にも臆病になっていてはダメです。片想いは片想いのまま終わらせるのではなく、告白までしてスッキリさせましょう。

シングルの方は、とにかくたくさんのアプローチが成功を招きます！　気になる人には、必ずあなたの好意を伝えましょう。ちょっと強引かな、と思えるようなアプローチでもトライし、迷わずに運命の扉を開きましょう。今まで一度も告白なんてしたことない、という人は、勇気を持って一歩を踏み出しましょう。人に振られるのが怖い？　恥ずかしい？　なにを臆病になっているのですか？！
イギリスの詩人、アルフレッド・デニスンは「失恋によって、恋を失ったのは、まったく愛さなかったよりもましである」と言いました。そう、失恋が怖くて、恋することを諦めるなんて、なんとも悲しいこと。

パートナーのいる人は、2人で新しい世界へ進みましょう。
今期は新たな世界の始まりも意味するので、ついに恋人からプロポーズを受けるかもしれません。むしろ、彼からのプロポーズが待ちきれないなら、チャーミングにあなたからプロポーズをしてもいいかもしれませんよ。もちろん「いい加減、責任とってよね？！」と彼を責めたり、「両親や周りからも言われているし……」とプレッシャーをかけると、彼は逃げ出したくなるはず。だから、素直な気持ちで「これからもずっと一緒にいたい！」と伝えましょう。スルーされても諦めてはダメ。美味しい食事を作って帰りを待ったり、疲れている彼を癒してあげたり、彼があなたと一緒にいたくなるアプローチを考えましょう。

また、同棲をスタートさせたり、待ち望んだ妊娠、引っ越し、マイホームを買うといった新しい生活へのアクションもよいでしょう。この時期は、あなたがどうしたいかという強い意志によって、物事を進めることが大切です。新たなライフステージに向かって、突き進みましょう！

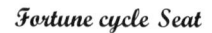

*Fortune cycle Seat*
フォーチュンサイクルシート

あなただけのフォーチュンサイクルシートを作ってみましょう。
次の項目に思いつく限り、書き込んでください。

1 この時期が訪れるのは

　　　　　　　　　　　　　　　　　　　　　　　　　　　　年

2 なりたい自分や欲しいもの、目標は何？

3 2を得るための行動や心がけはどんなこと？

4 過去にあなたが経験したことを確認して
　　さらに前に進んでいきましょう。
　　かつて、この時期を過ごしたのは　　　　　　　　　　　年

5 そのときの印象深い思い出をあげてください。(出来事、人との出会いや言動など)

6 5から得た教訓や成長は何だと思いますか？

運命期のキーワード
ポジティブ：完成、達成、ステップアップ、成果、満足、勝利、キャリアアップ、結婚、妊娠、出産、マイホーム、引っ越し、成功、目的達成、自由、実現、結果、告白、旅行、海
ネガティブ：中途半端、中断、不倫、愛人、苦労、浮気、犠牲、失望、破棄

23 信頼

trust

信頼を大切に人間関係を作り上げ応援してもらえる時期

**去年から周囲や環境が変わり
あなたの意思によって世界はどんどん変化しています。**

目を開いて、あなたが今どこにいるのか、確認してください。
そこは、あなたの望んでいた場所でしょうか？　それとも、なんの変化もない、あなたのいつもの場所？　もしかすると、思ってもいない場所へ追いやられている人もいるかもしれませんね。あなたは去年、運命の扉を開いています。そう実感できているあなたはとても優秀。そうではない方は今すぐ意識をハイレベルにして！　昨年出会った人や場所、印象に残るワードはすべて、今後の人生のヒントになります。

昨年、運命の扉を開いたあなたは、その影響で人脈や活動範囲が広がるのに伴い、今期と来期の2年間、世界が広がりやすくなります。すでに運勢の流れをキャッチしているなら、その感覚は正解！　あなたはわかっているのです。近い未来に大きく飛躍することを。
憧れの仕事で活躍している人、一緒にいると面白そうな人、恋人にしたい人、出会いたい人脈や、掴みたい縁があれば、自ら開拓していきましょう！
ネット社会の現在、街コンやSNSなどを利用して、出会いは案外たくさんあるものです。今期は特に人との出会い、信頼関係によって、あなたの人生はますます豊かに。

運命期に映画『ローマの休日』の演技が認められたオードリー・ヘプバーンは信頼期に入り、最貧国の恵まれない子供たちへの支援活動を始めています。信頼期は、人とのつながりや絆を結ぶことが大切なときです。

彼女はこのような言葉を残しています。「愛は行動なのよ。言葉だけではダメなの。言葉だけですんだことなど一度だってなかったわ。私たちには生まれたときから愛する力が備わっている。それでも筋肉と同じで、その力は鍛えなければ衰えていってしまうの」。信頼期を過ごすあなたにこの言葉を贈ります。

仕事

新しいプロジェクトを任されたり、部署替え、転勤、転職など、環境も変わりやすいとき。思いきって留学したり、海外旅行に出かけたり、新しい世界に飛び込むのもグッド！ マンネリの日常に少し意識して、変化をもたらすことが鍵。スキルアップを目指したり、習い事やセミナーなどにも積極的に参加するといいでしょう。

職場にも変化があるかもしれません。新入社員や新規のアシスタントがやってきたり後輩のお世話役に抜擢されるかも。信頼が、あなたの成功への重要ポイントなので、今期は特に人間関係や人からの評判や評価を意識して。仕事でリーダーになるには、どうしたらよいのかビジネス書を読んで、スキルアップしましょう。もしくは、ビジネス文書や、仕事でのマナーをもう一度学ぶこともオススメ。

あなた自身をアップデートし、求められる人間を目指すことは、今後のあなたにプラスに働くので、面倒くさがらないで！ 頼まれた用事や仕事を無下に断ったり、冷たい対応をしていると、この時期は一気に悪い評判が広まり、人が離れていってしまう可能性大。信頼を失ってしまうと、あなたの立場が追いやられてしまう羽目になるのでくれぐれもご用心。人が嫌がるような仕事や面倒くさいことを頼まれても、ブーブー文句ばかり言わずに気持ちよく仕事を引き受けるとチャンスがやってきます！

恋愛

今まで彼と誠実なお付き合いをしてきた人には、プロポーズが待っているかも。もしくは、お互いが将来をともに出来るパートナーなのか見極めているかもしれません。今期は、信頼関係があなたにとって最大のカギになります。

遅くまで飲みに出かけたり、男友達と親密にしていると、彼からの信頼が得られず、恋人の範疇を出られなかったり、結婚相手には選ばれないという結果を招きます。最悪なケースでは、あなたが隠し事をしたり、怪しい動きをとることで、彼から浮気をしていると決めつけられてしまうかもしれません。もし、他の異性と接するときは情報をシェアして、こまめに連絡をとりあいましょう。なぜなら、この時期は2人の絆と信頼を深めるときだから。彼との距離をもっと縮めたいと考えているなら、しっかり向き合い、誠実な態度で信頼を得るしかありません。

すでに結婚しているという方は、信頼関係を見直す出来事が起こるかも。この時期は浮気やあなたの知らないお金の問題など、彼に失望してしまうショッキングな出来事が明るみになるかもしれません。

2人の関係を終わらせてしまうことは簡単ですが、彼を手放したくなければ、あなたの彼に対する態度を省みてください。どんな小さな問題でも2人で話し合う時間を共有することが大切です。一方、あなた自身も彼を裏切るようなことをしていると、バレやすいので覚悟して。今まで長く続いた関係だから全然平気〜！とタカをくくっていると、決定的な証拠物を突き出され、責任をとる羽目に。信頼がなくなったあなたは、金銭以上に大切なものも失ってしまうでしょう。

シングルのあなたの今期のアピールは自然体で！　合コンではマナーに気を付けて。店員さんに対するぞんざいな態度や、間違った食事の作法で男性陣からガッカリされそう。押しの強いアピールではちょっと引かれるかもしれません。彼のテンポに合わせて。今期は彼とあなたとで歩幅を合わせ、恋の道を歩みましょう。なお、肌の露出の少ない服装やキチンとした態度など、親友や家族に紹介したくなる彼女を目指すことで、真剣交際につながりそう。

Fortune cycle Seat
フォーチュンサイクルシート

あなただけのフォーチュンサイクルシートを作ってみましょう。
次の項目に思いつく限り、書き込んでください。

1 この時期が訪れるのは
　　　　　　　　　　　　　　　　　　　　　　　　　　　　　　　　　　　　年

2 なりたい自分や欲しいもの、目標は何？

3 2を得るための行動や心がけはどんなこと？

4 過去にあなたが経験したことを確認して
　　 さらに前に進んでいきましょう。
　　 かつて、この時期を過ごしたのは
　　　　　　　　　　　　　　　　　　　　　　　　　　　　　　　　　　　　年

5 そのときの印象深い思い出をあげてください。（出来事、人との出会いや言動など）

6 5から得た教訓や成長は何だと思いますか？

信頼期のキーワード
ポジティブ：絆、仲間、家族、恋人、新しい友達、新しい出逢い、新しい人脈、未開拓エリア、元さや、再会、復活、引越し、転職、独立、発展、拡大、成功、親しみやすさ、メール、告白
ネガティブ：引っ込み思案、人間不信、憂鬱、裏切り、浮気

24 前進
advance

最初の一歩が大切！ 少しずつ あなたの環境が変わり始める時期

思ってもいないチャンスや周囲からの引き立てにより あなたの世界に変化が！

ここ数年間、あなたには良い風が吹いていました。もしかすると、気が付いていないかもしれませんが、実はあなたには追い風という強力な後押しがあるのです。この風のおかげで、あなたは目的地まで早く着くことが出来ています。そして今期に起こったことは、あなたにとってプラスに働く可能性が高いです。受け入れがたい変化だと感じても、身を委ねてみても良いでしょう。

ハリウッドきってのスーパーカップル、ブラッド・ピットとアンジェリーナ・ジョリーの場合は、アンジーがフォーチュンサイクルの前進のときに2人の関係がスタートしています。そんな彼女は幸せであり続けるための秘訣をこう明かしています。「幸せになる方法はたった1つだということを学んだの。それはね、毎日を自分の最後の日であるように生きること。物事はいつも自分の思い通りにはいかないわ。だけど、1つ1つの決断や行動が自分の人生を作るのよ」。

影響力のあるセレブの1人となった彼女ですが、荒れた幼少時代を過ごし、父親との確執、実兄とのキス、自身のナイトライフをあけすけに語るといったアブノーマルな

女優のイメージがつきまとっていました。しかし、撮影で訪れたカンボジアの今も過酷な状況で暮らす人々の存在が、彼女を変えました。

そして、当時は妻のいたブラッドはカンボジア人の養子を迎え、自分の存在意義を強く感じ始めた彼女に惹かれました。

「離婚前から2人は関係を持っていた」と、彼の元妻がアンジーを批判したときも、ブラッドは「彼女と出会って、僕は本当に幸せになれたんだ」と語り、それまでの結婚生活は、月日を重ねるほど行き詰っていく感覚があったと、アンジーをかばいました。彼女はトップ女優でありながら、仕事や名声だけに集中することなく、彼の子供を出産し、プライベートも大切にしています。そう、どんなときも、自分の行く道を守り、自分を見失わず、変化をおそれない姿勢。それこそが、彼女が多くの人に支持される理由なのです。この時期のあなたはアンジーの生き方をお手本にしてみては。

☆ 仕事

イギリスのことわざに「転がる石にはコケが生えない」というものがあります。これは、落ち着かずに動き回っていると、なにも身につかない、という意味があるそうです。しかしアメリカでは、常にアクティブに活動していると、さび付かず、いつまでも革新的でいられるというポジティブな意味合いが強くなるそうです。同じことわざが、まったく違う意味となるのです。

前進期のあなたに、このことわざを贈ります。目的までの道のりが遠く感じたとしても、常に進み続ければ、あなたはきっとそこまで到達できるはずです。しかし今、追い風のなかでやってくるチャンスに右往左往すると、きっとなにも掴めずに1年が終わってしまいます。欲張らずに、これだ！と見極めることが大切です。

今期は新たな環境に身を置くことも良いです。独立や起業を考えてきた人は、思いきってトライしてみては。しかし、この時期は追い風が吹いている一方、風に流されやすいときでもあるので、アイデアがフワフワしていると、あっという間に時が過ぎてしまう可能性大。また、始めたことに対して、覚悟が中途半端だと、さんざんな結果を招く羽目に。

恋愛

男性として意識していなかった友人や同僚に、ふと胸がときめいてしまうかもしれません。自分の気持ちに従い、正直に思いを伝えましょう！

もしも、それが望んでいない結果でも、気にしない！ 次の出会いが待っています。今まで秘めてきた恋心も、今期に思いきって相手へ告げてみましょう。
前進期の恋は時間をかけるよりも、素早いアプローチが効果的です。または、予想外の相手からの突然のお誘いや告白にビックリするかもしれません。思いきってお付き合いしてみるのも良いでしょう。一緒に時間を過ごすことで、だんだんと相手を好きになったり、かけがえのない存在になることもありますよ。

なかなか恋人候補が見つからない！という人は、理想のタイプを見直すことで恋愛運が開けそうです。この時期は、海外ともご縁があるので、旅行先や、外国の方にも目を向けてもいいでしょう。

出会いすらないという方は、周囲に積極的に紹介をお願いしましょう。そのとき、条件や好みにこだわりすぎると出逢いも半減。まずは気軽にご飯に行ってみると、意外な展開が期待できるかもしれませんよ。

パートナーがいる方は、あなたか彼のどちらか、もしくはその両方に色々なサプライズが起こるかも！ さらに、引っ越しや結婚、妊娠、出産といった大きな変化に対面し、嬉しい悲鳴をあげるかも。そのことにより、あなたは肉体的、精神的な変化や、相手との関係性にいい変化が現れるでしょう。

今期は、恋すること、愛する人と深い仲になっていくことを怖がらないでください。不満があるなら、こまめに伝えること。お互いに問題が尾を引かないように、さらっと伝え、サッパリ忘れましょう。海外や旅行に縁がある時期なので、2人で旅に出るのもいいでしょう！

Fortune cycle Seat

フォーチュンサイクルシート

あなただけのフォーチュンサイクルシートを作ってみましょう。
次の項目に思いつく限り、書き込んでください。

1 この時期が訪れるのは

　　　　　　　　　　　　　　　　　　　　　　　　　　　　　　　　年

2 なりたい自分や欲しいもの、目標は何？

3 2を得るための行動や心がけはどんなこと？

4 過去にあなたが経験したことを確認して
　　 さらに前に進んでいきましょう。
　　 かつて、この時期を過ごしたのは　　　　　　　　　　　　　　　年

5 そのときの印象深い思い出をあげてください。（出来事、人との出会いや言動など）

6 5から得た教訓や成長は何だと思いますか？

前進期のキーワード
ポジティブ：前進、思い切った行動、イベント、積極的、食事会、勉強会、引っ越し、転職独立、上京、留学、ホームステイ、旅行、出張、活躍、注目、評価、収集、ダイエット イメチェン、吹っ切れる、オーディション、スカウト
ネガティブ：妬み、嫉妬、悪口、トラウマ、引きこもり、無感情、絶望、後退、諦める

chapter 3

Fortune celebrity

著名人を
フォーチュンサイクルで
読み解く

35ドルを片手にニューヨークへ
奇跡を起こす！

マドンナ 〔 マインドナンバー 2 〕
Madonna

　どん底からチャンスを掴み「ポップの女王」と称されるまでになったマドンナ。彼女は、マインドナンバー2の奇跡を起こすことが出来る人。彼女がニューヨークへ旅立ったのは19歳。それはまさしく、14歳から18歳までモヤモヤ期を過ごし、フォーチュンサイクルで希望の位置に入ったときでした。今までの辛いことに吹っ切れ、改めて夢を抱くことが出来る時期です。

　このとき、彼女は、ニューヨーク到着後、タクシーの運転手に「この街で1番大きな場所へ行って！」と頼み、タイムズスクエアで降りると「私はこの世界で神よりも有名になる」と誓ったそうです。まさに、彼女にとってチャンスを掴むなら今！と行動するしかないときでした。マドンナ本人も後に、このときの行動は最も勇敢だったと述べています。

　元気いっぱいに夢に向かって突き進んだ19歳、20歳は、迷いの時期。このとき彼女は生きていくために一生懸命でした。だから、25ドルと引き換えにフルヌードの写真集の仕事を引き受けました。後にマドンナ自身もこの仕事を受けたことを後悔したようです。迷いの時期は、血迷ってしまったり、いつもだったら悩まないような些細なことにも迷いが生じやすいときです。　しかし、21歳から徐々に、燦々と輝く太陽の光が彼女を照らすシーズンに。この頃から彼女は、意気投合したミュージシャンとバンドを組み、クラブで演奏するようになりました。ここから彼女はぐんぐん可能性が広がる幸運期に入ります。「絶対にスターになる」という決意通り、彼女は夢に向かってどんどん行動し、自ら作った曲をDJに持ち込みます。そのDJが曲を気に入り、レコード会社に紹介したそうです。

　そして、24歳のとき、レコード会社と契約。シングル『エヴリバディ』で念願の歌手デビューを果たしたのです。この作品は米ビルボード・クラブ・プレイ・チャートで最高3位を記録し、50万枚を売り上げました。ちょうどこの頃の彼女はフォーチュンサイクルで、24年に1度の運命のとき。デビューアルバム『バーニング・アップ』も大ヒット。全世界で計1000万枚を売り上げ、このアルバムからシングルカットされた『ホリデイ』は、クラブプレイチャートで1位を獲得し、NYのクラブシーンからマドンナの名前が定着するきっかけに。26歳の開拓期にセカンドアルバム『ライク・ア・ヴァージン』をリリースし、初の全米No.1を獲得し、一気にスターダムへ駆け上がりました。まさしく、世界が変わり転機を迎える開拓期にマドンナは人生の第2ステージへ。

27歳でマドンナは直感力、ひらめきが働く時期に入ります。そんなとき、マドンナが初めて夢中になった男性が現れます。それは、当時、ハリウッドの若手俳優として注目を浴びていたショーン・ペンです。1985年8月16日にマドンナ自身の27歳の誕生日に、2人は海を望む豪邸で結婚式を挙げました。しかし、その3年後、マドンナが30歳、フォーチュンサイクルで責任の時期に離婚を決意します。その後、彼女は女優業、アーティスト業と勢力的に活動の場を広げます。

　36歳と37歳、フォーチュンサイクルのチャンス期、実力期にマドンナは次のステップが必要だと感じるようになりました。このとき、マドンナは女優としても大きな転機を迎えることになります。映画『エビータ』の主役の座を射止めたのです。多くの実力派女優の名前が連なる中、マドンナは監督に自らこの映画に対する思いを手紙に綴ったのです。そして、さらにこの時期には念願だった妊娠も。そして、モンモン期に入る38歳のときに長女を出産し、42歳で映画監督ガイ・リッチーの子を出産します。実は、このモンモン期の38歳から42歳までは出産、子育てをすると厄落としになり、運気が安定します。だから、彼女はモンモン期でありながらも、ゴールデングローブ賞のミュージカル・コメディー部門において最優秀女優賞を獲得、グラミー賞の最優秀主題歌賞を受賞したのでしょう。そして「ショービジネス史上屈指の影響力を持つ女性パフォーマー」といわれる存在になりました。

　そして、47歳の24年に1度の幸運期で、マドンナはダンスクイーンとして復活。彼女がデビューを掴んだときと同じ運命の扉が開いたとき、彼女はもう1度ダンスミュージックで勝負したのです。昔のマドンナを知らない若い世代にも支持され、全世界40ヵ国でアルバムチャートNo.1を獲得しました。アルバムからの1stシングルは全米チャートで1位を飾り、トップ10入りしたシングルは全米・全英NO.1獲得数がエルビス・プレスリーの持つ記録に並び、まさに世界が認める絶対的スーパースターとなりました。

　このように、マドンナはまさしくフォーチュンサイクルの運勢にのり、チャンスを掴んでいます！　あらかじめ、人生のサイクルを知っているのと知らないのでは雲泥の差があると思います。自分に自信を持ってチャンスを掴むためにも、人生設計にフォーチュンサイクルを取り入れてみてはいかがでしょうか？

ショービズ界のミューズとなり
アメリカンドリームを掴む！

ビヨンセ　マインドナンバー5
Beyoncé

マインドナンバー5はキングの星の人。自身も仕事をバリバリこなすキャリアウーマンが多く、お金や権力に縁があります。さらに、玉の輿の星も持っています！　ビヨンセは2010年のグラミー賞では女性アーティストとして最多タイ記録となる10部門でノミネートされ、主要部門とされる最優秀楽曲賞『Single Ladies』をはじめ、6部門で受賞しました。この記録は自身の女性アーティスト最多の5部門受賞の記録を塗り替え「最もホットな女性」「最も才能に溢れたシンガーソングライター」「伝説的なディーヴァ」と称されています。

2010年にアメリカの経済誌『フォーブス』が「最も稼いだ30歳未満のセレブリティ12人」を発表したところ、ビヨンセは8700万ドルを稼いで2年連続1位に。2010年12月には「エンターテインメント業界で最も稼いだ人物」のランキングで、9位にランクイン。この記録はまさしく、キング！　ビヨンセの夫、ジェイ・Zもビヨンセと同じマインドナンバー5を持ち、MTVによる「世界的にもっとも頂点に君臨するラッパー」にも選ばれるほどの影響力を持つ存在。そんなキング同士のカップルは、アメリカのエンタメ誌『ヴァニティ・フェア』が行った「全米で最もパワフルなカップル」に、政治家や実業家たちを押さえて第1位に選ばれたことも。

ビヨンセが音楽に目覚め、ダンススクールに通い出したのは、7歳の頃で、フォーチュンサイクルの好奇心のとき。他のアーティストもこの好奇心のときに始めた習い事が後に、活動のスタートになっていることが多く見られます。

そして、12歳の頃、ガールズグループを結成し、母親が経営する美容室で歌っていたそうです。このとき、フォーチュンサイクルでいうと突進の時期。とにかく、動きまわり、アクションを起こすことがキーワード。彼女もアクティブに動き、オーディション番組に参加し、優勝するなど、地道な下積み活動を行い、15歳の運命期に彼女の所属していたグループ「デスティニーズ・チャイルド」は大物アーティストのツアー前座を経験。さらに旋風を巻き起こした映画『メン・イン・ブラック』のサウンドトラックに楽曲が収録されました。

翌年の16歳はフォーチュンサイクルの実力期で、デビューシングルが大ヒット！　同時に発売されたデビューアルバムも売り上げに貢献し、ゴールドディスクも受賞しました。17

歳になると、ビルボードシングルチャート1位を獲得したり、R&Bチャート1位を記録しますが、この頃のビヨンセは、フォーチュンサイクルでは試練のとき。メンバー内で確執が生じ、不満を漏らしていた2人が脱退させられ、訴訟を起こす騒ぎに。

フォーチュンサイクル変化の年では新メンバーが2人加入しますが、1人は怠惰な私生活を理由に解雇されてしまいます。まさに、変化の年にふさわしく、4人グループだったデスティニーズ・チャイルドは、2人脱退させられ、新しく2人加入するも、1人解雇され、3人体制になるというグループ内の変化を受けています。

そして、21歳のフォーチュンサイクルのリラックス期に発売した『サヴァイバー』が全米1位、全英1位という快挙を成し遂げ、400万枚以上のセールスを記録するも、デスティニーズ・チャイルドは活動を休止してしまいました。それは、今まで突っ走ってきたのをちょっとお休みするフォーチュンサイクルのモンモン期に突入したからでしょう。

26歳の運命の扉を開く頃、彼女は、長年の恋人ジェイ・Zと極秘結婚！　スーパーカップルの誕生です。そして、30歳のフォーチュンサイクルの可能性のときに出産。もちろん、ダブルキングのカップルはやることも桁違い！　出産のために入院した病院に130万ドル支払って、ワンフロアを貸し切りに。生まれたベイビーは、アイヴィーちゃん。この子のマインドナンバーは1＋3＝4のクイーンです！　まさしく、最強のキングカップルのもとに生まれたといっていいでしょう。しかも、ビヨンセが好きなナンバーは4。そのため結婚式も4月4日に行ったというビヨンセ。このように好きな数字は、自分を表す数字だったりパートナーや子供のマインドナンバーに表れる可能性があります。

今後の出産の可能性について彼女は、こうインタビューに答えています。
「若いときは、"子供なんて産まない"って言ってた時期もあった。そうかと思えば4人は産みたいと思ったこともある。そして今の私は絶対にもう1人は子供が欲しいと願っているの。でもそれがいつになるかはわからないわ」。

彼女は現在32歳。フォーチュンサイクルで、実りの年を迎えています。仕事もプライベートも実りやすく、妊娠期にもぴったりです。36歳までは、愛情の年も続くのでタイミングが合えば、あと2人は妊娠するかもしれませんね。

波乱を乗り越え、再ブレイクした不動のポップ・アイコン

ブリトニー・スピアーズ
Britney Spears

マインドナンバー 6

ブリトニー・スピアーズはマイケル・ジャクソンと同じマインドナンバー6の持ち主でマスター、巨匠と称される人が多く、世界中に自らの才能を発信していく存在の人。フォーチュンサイクルの好奇心旺盛な時期である8歳のとき、ディズニー・チャンネルのオーディションに応募します。思ったことは行動に移すべき好奇心の年は、どんな結果になっても、このときのきっかけが人生のヒントになることが多くあります。このとき、「年齢が低すぎる」という理由で落選しますが、その後の支援期に11歳でオーディションに再び挑戦し、見事合格。この支援期は、ズバリ目上の人々に引き立てられやすいときです。年上の先輩やあなたのことを応援してくれる人を大切にすると、チャンスがあなたに巡ってくる可能性があります。

そして、フォーチュンサイクルでバランス期の14歳でジャイヴ・レコードと契約しています。このバランスの時期は「２つの間に挟まれる」という現象が考えられます。もしかすると、このとき何社か契約のオファーがあったかもしれませんね。同時に「両立」も意味するので、仕事と勉強で忙しかったのかもしれません。そして、15歳の思慮のときは、準備を意味するので、ダンスや歌のレッスンと地道な活動が続いていた可能性があります。このときは、地味にコツコツ努力をすることが鍵です。そのことによって、次の年のチャンス期が大きなものに変化し、努力をしただけチャンスが大きくなります。16歳のブリちゃんもこの年、アルバム『ベイビー・ワン・モア・タイム』で華々しくデビューします。この作品は全世界で915万枚の売り上げを記録し、世界19ヶ国でプラチナ・ディスクを受賞。

そして、翌年の実力期に、彼女のファーストアルバムはアメリカだけでも1726万枚、全世界トータル3000万枚のセールスを記録し、35ヶ国でプラチナ・ディスクを獲得。発売から1年以上にわたりチャートにランクインするロングセールスを記録しました。

モヤモヤ期の試練、変化期に入り、彼女はみるみるアイドルからセクシー路線へと変貌を遂げました。彼女は、もともとマインドナンバー6の気品ある穏やかな人です。そんな彼女は、無理のあるイメージ作りをしてしまい、モヤモヤ期の影響でストレスもピークに達して

いたのかもしれません。だから、22歳の試練期に酔った勢いで幼なじみと結婚をしてしまい、55時間後には婚姻無効を申請し、離婚するという騒動を起こしてしまいました。このとき、彼女は慰謝料約5600万円を支払ったといわれています。

その後も妊娠中の恋人を捨てたダンサーのダメ男と結婚してしまいます。希望の時期には長男を出産し、出産数か月後に第2子を妊娠。モヤモヤ期によほど無理していたんでしょうね。その反動で愛に飢え、家族に憧れを抱いたのかもしれません。24歳の迷いの時期には次男を出産し、その3ヶ月後に離婚を申請します。不安期を迎えた彼女には「不安」な出来事が起こったのです。

25歳の充実年、本来ならば笑いが止まらないほどの楽しいことが起こる年にもかかわらず、突然、自らバリカンを手に坊主にしてみたり、パパラッチを傘で叩くなどのゴシップで世間をアッと言わせました。しかし、26歳の決断の年、人気コメディドラマにゲスト出演を果たし、1067万人の視聴者を獲得し、放送開始から3年間で過去最高記録をマーク。この快挙で、いまだにブリトニーに対する注目度が高いことを証明しました。

27歳の自身の誕生日には復活作『サーカス』をリリース。シングル『ウーマナイザー』はiTunes USAで1週間に28万6千ダウンロードされ、Billboard Hot 100にて初登場96位から翌週には1位になるという快挙を成し、シングル『ベイビー・ワン・モア・タイム』以来の1位を獲得しました。2008年はブリトニーの年と言われ、「2008年のYahoo!検索ワード」で1位を取得。奇行を繰り返していた彼女がまさに完全復活を果たしたといえるでしょう。

そう、この年は、ブリちゃんにとって運命の年。彼女はこの良きタイミングにきちんとチャンスを掴み直すことが出来ました。さらに、米Yahoo!が発表した、21世紀最も売れたシングルトップで、ブリトニーはTop20のうち3曲もランクイン。この記録はブリトニーの名実を物語っています。まさに、彼女はポップ界のアイコンです！

世界的影響力のあるセレブカップル「ブランジェリーナ」

アンジェリーナ・ジョリー
Angelina Jolie

マインドナンバー 5

ブラッド・ピット
Brad Pitt

マインドナンバー 4

アンジェリーナ・ジョリーはマインドナンバー5の人。キングの数字で、とてもサバサバしていてクールな人が多く、玉の輿に縁があります。彼女がモデルのキャリアをスタートさせたのは、思慮のとき。種まきを意味し、チャンスを掴むために行動を広げるとよい時期です。そして16歳の実力のとき、レニー・クラヴィッツのPV出演を果たしました。しかし、17歳からモンモン期が始まってしまい、そこから彼女は21歳まで停滞期に。この頃、1回目の結婚をしますが、わずか1年足らずで別居に。22歳の希望のとき、彼女はローリング・ストーンズのPVに出演したところ、ミック・ジャガーの目に止まり、猛アタックを受けたそうです。しかし、ミックからの燃えるようなアプローチにもなびくことはなく、結局、彼の片思いで終わったそう。世界的なロッカーを軽くあしらい、さらに夢中にさせるアンジーの魅力はさすが。大物から言い寄られても、彼女は自分のキャリアをコツコツ築くことを忘れませんでした。映画『ジーア/悲劇のスーパーモデル』の主役を手に入れ、この作品で数多くの賞に輝いたのもこの頃です。

フォーチュンサイクルの充実は24歳のとき。『17歳のカルテ』でアカデミー助演女優賞を受賞し、実力派女優として認められます。この時期から大きな人生の転換期を迎えます。彼女は『狂っちゃいないぜ』で共演したビリー・ボブ・ソーントンと駆け落ちをします。この充実のときは、女性にとって仕事も、恋愛も楽しむことが出来る時期。多くの女性がこの充実年で結婚、出産など経験します。このサイクル通り、彼女も2回目の結婚をします。
そして25歳のとき、『60セカンズ』でヒロイン役として出演し、興行的に大成功を収めました。さらに、フォーチュンサイクルの運命の扉を開く26歳のとき、彼女は『トゥームレイダー』で絶賛を博し、一躍世界的な人気を獲得。しかも、このときの撮影でカンボジアを訪れ、養子を引き受けることを決めたのです。まさしく、この運命のときに彼女の人気にさらに火をつけた映画と人生観を変える長男マドックス君と出会ったというわけです。

しかし、養子を引き受けると同時に2回目の離婚。きっと前向きな決断だったのではないでしょうか。だからこそ、その後、さらに彼女の人生を大きく変える『Mr.&Mrs. スミス』

で共演したブラッド・ピットと出会えたのでしょう。29歳の開拓期でついにアンジーはブラピの子供を妊娠しました。そして、33歳の実り期に、双子の赤ちゃんを出産。さらに、フォーチュンサイクル通り、交際7年目にして36歳の愛情年に婚約をしています。

2014年、チャンス期に入ったアンジーは「これからはもっと脚本作り、監督業、人道的な活動に集中していきたい」と語りました。それまで思慮期にいた彼女は、自分の活動について考えていたのでしょう。今後はアーティストとして慎重に出演作品を選ぶというアンジーは、今までの努力が報われ、さらなる成功を手に入れるはずです。

一方、ブラッド・ピットはマインドナンバー4の人。クイーンの数字といわれ、家庭的で家族の絆を大切にします。アンジーがマインドナンバー5のキングであることから、家庭内ではアンジーの方が主導権を握っていそうですね。ブラピは、ちょうど迷い期で俳優になることを決意します。学位を取得する2週間前に大学を中退すると、手持ち金わずか325ドルでロサンゼルスへ向かいました。

開拓期に『テルマ&ルイーズ』に出演し、可能性のときには『リバー・ランズ・スルー・イット』でキャリアの大きなターニングポイントを迎えました。実り期にはゴールデングローブ賞に初ノミネート。女優グウィネス・パルトローとの交際もスタートさせ、まさに、公私ともに実り多き時期を過ごしています。翌年の責任期には『セブン』『12モンキーズ』などに出演。ゴールデングローブ賞助演男優賞を受賞、アカデミー賞助演男優賞に初めてノミネートされるなど、着々と実績を積んでいきました。そして、バランス期に『ファイト・クラブ』に出演し、ジェニファー・アニストンと入籍。まさに、仕事にプライベートに忙しく、バランスよく生活していたときでしょう。

その2年後の運命期には、全世界で4億5000万ドルの興行成績を達成した『オーシャンズ11』に出演しました。実力期には映画製作会社を設立。ジョニー・デップ主演の『チャーリーとチョコレート工場』、ジュリア・ロバーツ主演の『食べて、祈って、恋をして』などは彼の会社が手がけた作品です。経営者としても手腕を発揮していますね。変化期にはジェニファー・アニストンと離婚し、アンジェリーナ・ジョリーと本格的交際へ発展した彼は、たくさんの可愛い子供たちに囲まれた温かい家庭を築き、決断期には交際7年目にしてアンジーと正式に婚約しました。

このようにブラピをはじめ、男性は特に決断期、運命期、責任期に女性にプロポーズをする傾向があります。あなただけではなく、前もってパートナーや家族、友人のフォーチュンサイクル期を知っておくと、どんなことが起こりやすいのか想定出来るので、便利ですよ!

おわりに

「いつも明日があることを忘れないで。希望と信念を持ち続ければ、チャンスはまた訪れる。悪いことがあった日でも、悪いことが続いた週でも、悪い状況に陥ってもチャンスは必ず来ます」

これは米国のグラミー賞受賞歌手で、女優としても活躍しているヴァネッサ・ウィリアムスが2011年3月11日の大震災が起こった日本に向けて発表した言葉です。

実際に私も、病気で瀕死の状態を経験したとき、仕事が忙し過ぎてノイローゼのようになったときなど、何度もくじけそうになったことがあります。落ち込んでいるときは、この世の終わりを迎えたかのように世界が暗く、重く感じてしまいますが、わずかな光さえ見つけることが出来れば、少しずつ好転していきます。

普段、私たちが出来ること、やらなければいけないことはたくさんあると思います。いつもならくじけちゃうことも、先延ばしにしてしまうことも、いつ、どこでなにが起こるかわからないからこそ、1日1日を大切に過ごして欲しいです。大きなことを全部1人で抱え込まなくて大丈夫です。ちょっとの勇気でいいのです。ちょっとだけいつもだったら言えないことも、出来ないこともやってみると、なにかが変わりはじめるはずです。行動には無駄なこと、意味がないことなど、1つもありません。

この本では、生年月日より編み出されたマインドナンバーを紹介しています。このナンバーにはあなたへのメッセージが託されています。自分のナンバーを知ることで、よりラクに、より希望に沿った人生を歩めるのではないかと思います。

また、人生を24の時期に分けたフォーチュンサイクルを知ることは、あなたが夢の種まきを行うとき、具体的に行動を起こすときなど、時期を見極めるのに役立ちます。この2つの情報を手に入れることで、よりあなたの夢や人生設計が明確になる、ハッピーな年表が出来上がります。

なにを頼りに進んでいいのか分からないとき、悩みが尽きないとき、この本があなたの心の支えになれると嬉しいです。私も、このフォーチュンサイクルの占いによってびっくりするぐらい行動的になれたし、人生を積極的に過ごせています。
この本が、皆さまの初めの一歩を踏み出すきっかけとなりますように。

新月の夜に、みんなの幸せを願って
2014年5月29日
イヴルルド遙華

【著者プロフィール】
イヴルルド遙華

前向きなアドバイスが口コミで広がり、モデルやヘアメイク、エディターなどの業界で絶大な支持を得る、いま話題のフォーチュンアドバイザー。西洋占星術、タロットをはじめ、人生の流れを24の節目で区切る「フォーチュンサイクル」など、幅広い占いを独学で研究する。JJ（光文社）で「魔女占い」を連載するほか、情報バラエティ「なないろ日和！」（テレビ東京）、音楽チャンネル「最新最速エンタメタイム CDET!」（MUSIC ON! TV）など、テレビ番組でも占いコーナーを担当。著書に『運命のフォーチュン Amulet』（小学館）など。東京・代官山に鑑定ルームをもつ。

公式サイト　　http://www.ineori.com
公式ブログ　　http://ameblo.jp/eve-lourdes-haruka/
Facebook　　　https://www.facebook.com/lourdes.eve

ツキをよぶフォーチュンサイクル占い

2014年7月8日　初版発行

著　者──イヴルルド遙華
デザイン──大山万里子
編　集──御田けいこ
発行者──今井博央希
発行所──株式会社太玄社
　　　　　電話:03-6427-9268　FAX:03-6450-5978
　　　　　E-mail:info@taigensha.com　HP:http://www.taigensha.com
発売所──株式会社ナチュラルスピリット
　　　　　〒107-0062　東京都港区南青山5-1-10　南青山第一マンションズ602
　　　　　電話:03-6450-5938　FAX:03-6450-5978
印刷────中央精版印刷株式会社

©Eve Lourdes 2014 Printed in Japan
ISBN978-4-906724-11-6 C2011
落丁・乱丁の場合はお取り替えいたします。
定価はカバーに表示してあります。

フォーチュンサイクル早見表

マインドナンバー1〜9の早見表を用意しました。あなたや恋人、友人たちが今、どのサイクルに属しているかをすばやくチェックできます。

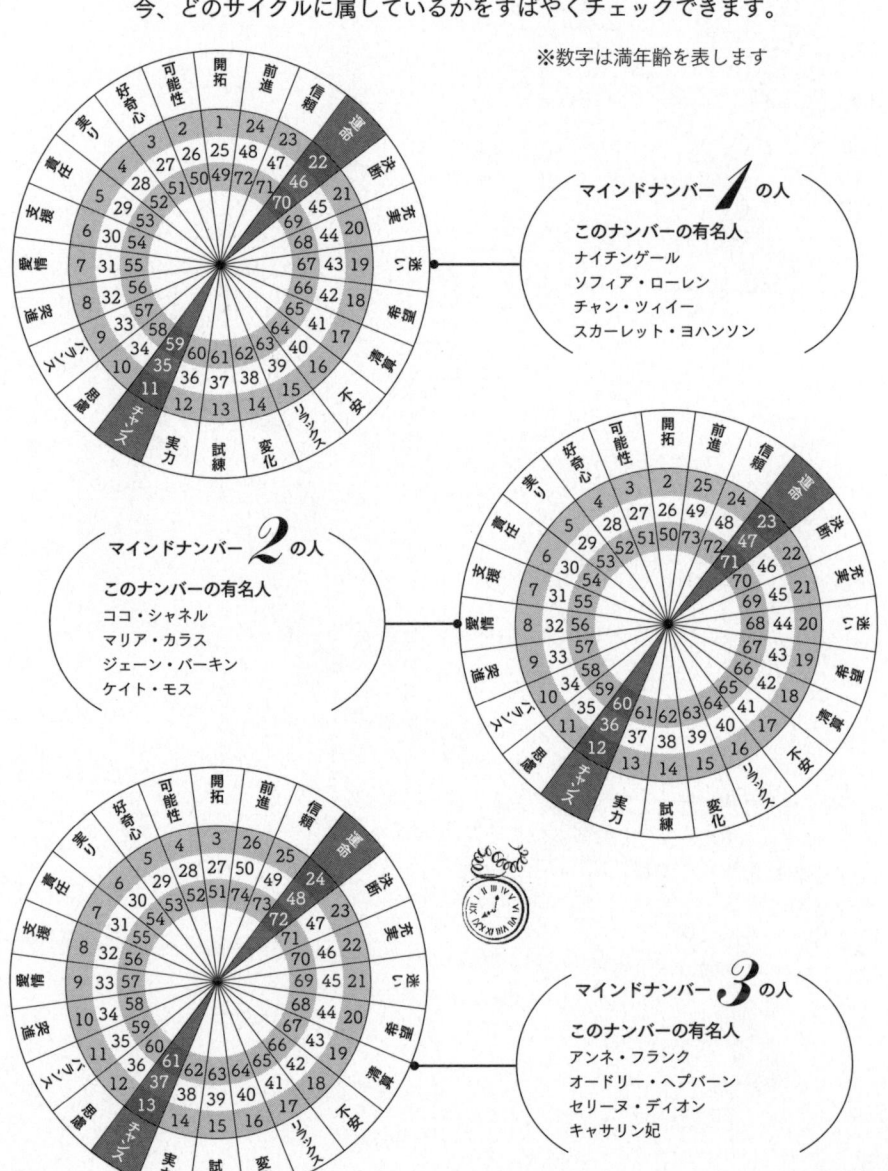

※数字は満年齢を表します

マインドナンバー *1* の人

このナンバーの有名人
ナイチンゲール
ソフィア・ローレン
チャン・ツィイー
スカーレット・ヨハンソン

マインドナンバー *2* の人

このナンバーの有名人
ココ・シャネル
マリア・カラス
ジェーン・バーキン
ケイト・モス

マインドナンバー *3* の人

このナンバーの有名人
アンネ・フランク
オードリー・ヘプバーン
セリーヌ・ディオン
キャサリン妃

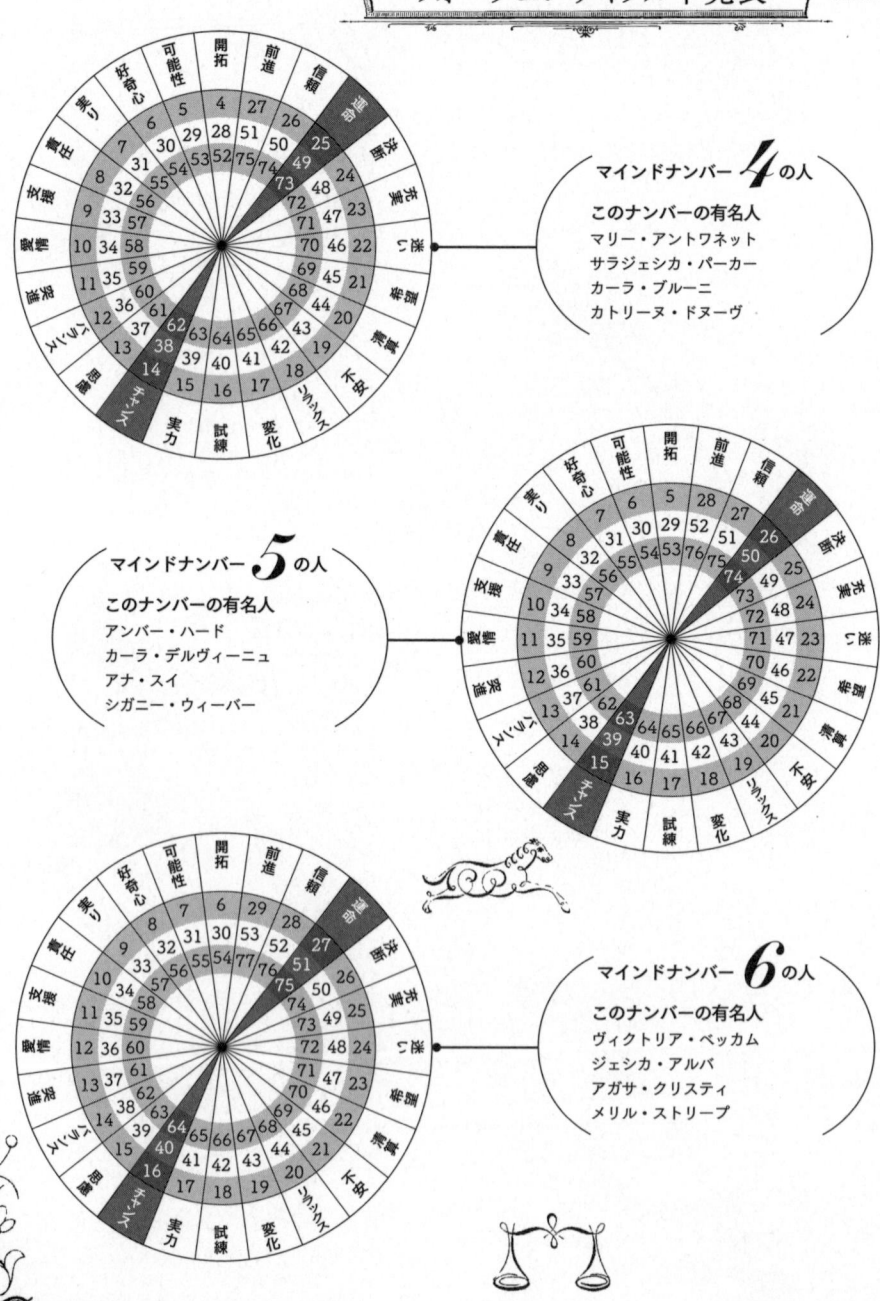

※ フォーチュンサイクル早見表 ※

マインドナンバー **4** の人

このナンバーの有名人
- マリー・アントワネット
- サラジェシカ・パーカー
- カーラ・ブルーニ
- カトリーヌ・ドヌーヴ

マインドナンバー **5** の人

このナンバーの有名人
- アンバー・ハード
- カーラ・デルヴィーニュ
- アナ・スイ
- シガニー・ウィーバー

マインドナンバー **6** の人

このナンバーの有名人
- ヴィクトリア・ベッカム
- ジェシカ・アルバ
- アガサ・クリスティ
- メリル・ストリープ